中国氢能源及燃料电池产业数据手册
2022

China Hydrogen Energy and Fuel Cell Industry Data Handbook
2022

刘 玮 万燕鸣 张 岩 等 著

科 学 出 版 社
北 京

内 容 简 介

氢能已成为世界各国加快能源转型升级、培育经济新增长点的重要战略选择。欧、美、日、韩等发达国家和地区已进入氢能产业的战略实施期，在产业布局、技术创新、制度体系等方面走在全球发展前列。我国《氢能产业发展中长期规划（2021—2035 年）》擘画了国家氢能发展蓝图，标志着我国氢能产业"1+N"政策体系初步设立。地方政府、企业机构、科研院所协同发力，推动关键技术创新、增强多元供应能力、加快基础设施建设、拓展应用场景，产业合作新模式、新业态不断涌现，共同推动我国氢能产业快速发展。在此背景下，本书秉持"立足中国，放眼全球"的视角，从政策标准、生产消费、产业动态与区域发展四个方面构建数据统计体系，以量化的形式系统且直观展示国内外氢能及燃料电池产业发展情况，以期为行业高质量发展提供参考。

本书适合氢能与燃料电池领域的政府公务人员、企业管理人员、高等院校师生、科研人员及相关的工作者阅读。

审图号：GS 京（2023）1526 号

图书在版编目（CIP）数据

中国氢能源及燃料电池产业数据手册．2022 / 刘玮等著．— 北京：科学出版社，2023.8

ISBN 978-7-03-075962-7

Ⅰ．①中… Ⅱ．①刘… Ⅲ．①氢能－燃料电池－电气工业－产业发展－研究－中国－手册－ 2022 Ⅳ．① F426.61-62

中国国家版本馆 CIP 数据核字（2023）第 119045 号

责任编辑：刘翠娜 / 责任校对：王萌萌
责任印制：师艳茹 / 封面设计：赫　健

科学出版社 出版
北京东黄城根北街 16 号
邮政编码：100717
http://www.sciencep.com

北京画中画印刷有限公司 印刷
科学出版社发行　各地新华书店经销

*

2023 年 8 月第 一 版　开本：787×1092　1/16
2024 年 1 月第二次印刷　印张：6 1/2
字数：150 000

定价：128.00 元
（如有印装质量问题，我社负责调换）

本书参编人员名单

中国氢能联盟研究院氢能大数据课题组
刘　玮　万燕鸣　张　岩　林汉辰　晏嘉泽
刘　琦　周佳琦　刘　畅　赵燕菲　于海婷

前　言

《中国氢能源及燃料电池产业数据手册 2022》是中国氢能联盟研究院依托氢能产业大数据平台从政策标准、生产消费、产业动态与区域发展四个方面评估梳理我国上年度氢能产业的发展情况，以期为我国氢能产业发展提供参考。

根据最新统计数据，2022 年全球氢能政策发布进入密集期，脱碳成为各国发展氢能产业的主要驱动力。我国氢能政策顶层设计已初具雏形，各地方氢能政策加速推出，多层级、全产业链政策体系不断健全。

氢能供需格局逐步优化，在化石能源制氢仍占据主导地位背景下，主要经济体加快布局低碳清洁氢能项目。交通领域先试先行，工业与发电领域示范项目不断落地，国际氢（氨）能贸易方兴未艾。

氢能制、储、输、用全产业链技术水平持续提升，核心技术较国际先进水平的差距稳步缩小，燃料电池、压缩机等多项技术达到国际先进水平，加氢基础设施建设规模领跑全球，管网基础设施建设有序推进，氢能企业蓬勃发展。

区域氢能生态集群是当前技术水平和发展阶段下氢能产业发展的主旋律。以可再生氢大基地、终端应用示范、技术装备创新为先导的氢能产业发展集群逐步构建，燃料电池汽车示范城市群"以点带面"构建氢能全产业链。

关键发现

1. **能源安全与绿色发展进一步驱动全球氢能发展步伐。** 俄乌冲突背景下能源危机加剧欧盟发展可再生能源与氢能的紧迫性，中国、德国、法国等重点发展可再生能源制氢，将其作为可再生能源规模化发展、能源安全战略和终端用能绿色化协同推进的重要一环。

2. **科技部氢能专项关注电解槽等上游关键技术，基础前沿技术数量稳步提升。** 2018—2022 年，技术方向主要集中在燃料电池、储运氢、制氢，分别达 27 项、19 项、13 项，其中制氢环节主要集中在电解槽，技术类别集中在共性关键技术，占比 66.7%；2022 年，基础前沿技术相比 2018—2021 年明显增加至 9 项。

3. **地方政策顶层设计与监管政策不断健全，优惠电价、制氢站与加氢站审批获得政策重点关注。** 广东、成都等地探索制氢优惠电价政策，广东执行蓄冷电价最低可以达到 0.17 元/度（1 度 =1 千瓦时）。张家口等地区探索能源用制氢项目不进化工园区，制氢、加氢站相关审批监管要求进一步明确，审批流程简化。

4. **氢能供应体系逐步完善，东部副产氢体系逐步构建，西部可再生氢大基地规模效益初显。** 东部地区已建成多个地方燃料电池供氢中心，包括 500 标方[①]/时副产氢提纯项目与 2,000 标方/时燃料电池氢撬装项目。西部地区依据能源资源禀赋因地制宜发展可再生氢，规划落地多个大规模示范项目。

[①] 1 吨氢气在标准状况下是 11,200 标准立方米。

5. **氢能安全、快速储输体系正在取得突破**。2022年，中国新建运营纯氢/掺氢管道8条，包括上海、宁夏、甘肃等在内的多个东西部省市均探索相关试点示范，国内液氢工厂新建、在建超过6座，多元化储运体系正在加速形成。科技部氢能技术重点专项中"储运"环节占比约30%，其中包括液氢、管道在内共性关键技术接近60%。

6. **中国氢能供需两端价格稳步下降，经济性提升仍亟待探索**。2022年，我国生产侧氢价指数较为平稳，全国平均水平35元/千克，消费侧指数总体呈下降趋势，全国平均水平60元/千克，尚无法有效支撑各场景示范。储运体系和交易市场健全是下一步推动终端价格下降的核心影响因素。

7. **全球正积极探索包括液氢、绿氨、有机液体等多种储运路线的国际贸易示范**。全球已宣布的涉氢贸易总量达到270万吨/年，约60个项目，其中一半正在进行可行性研究。液氢、绿氨、有机液体储氢等技术完成示范验证。

8. **我国氢能产业链关键技术与国际水平的差距稳步缩小**。针对氢能全产业链55项细分技术方向，中国有2项技术处于领跑阶段，有19项技术处于并跑阶段，34项技术处于跟跑阶段；60%的细分技术环节与国际先进水平的差距快速缩小。

9. **资本积极布局氢能制取和应用领域，风险投资步伐提速**。截至2022年底，中国开展氢能领域或布局的上市公司近200家，总市值超5万亿元。近五年，相关企业发起217起投融资，投融资大多位于Pre-C轮以前阶段，占比58.1%，其中2022年Pre-C轮以前阶段占比72.9%。

10. **氢能区域集群化发展态势明显，省级地方政府加快政策、资源和场景支持力度**。以内蒙古、宁夏、四川为代表，可再生氢大基地加速布局；以山东、广东为代表，终端应用示范多元化迅速落地；以京津冀和长三角为代表，技术装备创新驱动快速发展。

目　录

前言

关键发现

一、政策标准 ………………………………………………… 1
　　（一）全球氢能战略 …………………………………… 3
　　（二）中国氢能政策 …………………………………… 7
　　（三）地方氢能政策 …………………………………… 14

二、生产消费 ………………………………………………… 21
　　（一）氢能生产 ………………………………………… 23
　　（二）氢能应用 ………………………………………… 31
　　（三）氢能贸易 ………………………………………… 40

三、产业动态 ………………………………………………… 43
　　（一）技术创新 ………………………………………… 45
　　（二）基础设施 ………………………………………… 50
　　（三）市场主体 ………………………………………… 53

四、区域发展 ………………………………………………… 61
　　（一）可再生氢大基地集群 …………………………… 63
　　（二）终端应用示范集群 ……………………………… 68
　　（三）技术装备创新集群 ……………………………… 70
　　（四）燃料电池示范城市群 …………………………… 71

附录 ··· 74

附录 1 ·· 74
附录 2 ·· 78
附录 3 ·· 85
附录 4 ·· 87
附录 5 ·· 90

一 政策标准

一 政策标准

（一）全球氢能战略

截至 2022 年底，全球公布氢能战略的国家和地区达到 41 个（表 1）。已经发布国家氢能战略的国家覆盖全球 GDP 超 80% 的主要经济体，其中制定碳中和目标的多达 35 个。

表 1　重点国家氢能政策及目标

国家	战略名称	发布时间	目标年份	战略目标
中国	氢能产业发展中长期规划（2021~2035 年）	2022 年 3 月	2025	形成较为完善的氢能产业发展制度政策环境，基本掌握核心技术和制造工艺，氢能示范应用取得明显成效，初步建立较为完整的供应链和产业体系。可再生能源制氢量达到 10 万 ~20 万吨 / 年，实现二氧化碳减排 100 万 ~200 万吨 / 年
			2030	形成氢能产业体系，构建涵盖交通、储能、工业等领域的多元氢能应用生态，可再生能源制氢在终端能源消费中的比重明显提升
加拿大	加拿大氢能战略	2020 年 12 月	2025	生产 300 万吨氢气
			2030	生产 400 万吨氢气，减少 4,500 万吨二氧化碳排放
			2050	生产 2,000 万吨氢气，减少 1.9 亿吨二氧化碳排放，预计氢成本将达到 1.5~3.5 美元 / 千克
英国	英国氢能战略	2021 年 8 月	2025	产能达到 1 吉瓦，有 2 个 CCUS（碳捕获、利用与封存）集群
			2030	低碳氢产能 5 吉瓦，有至少 4 个 CCUS 集群
			2050	创造 10 万个工作岗位

续表

国家	战略名称	发布时间	目标年份	战略目标
法国	法国发展脱碳和可再生氢的国家战略	2020年9月	2023	通过发展法国电解行业来实现工业脱碳；开发使用脱碳氢进行重型机动；支持研究、创新和技能发展，以促进未来氢能应用
			2030	安装容量为6.5吉瓦的电解槽；减少超过600万吨的二氧化碳排放；创造5万~15万个直接和间接工作岗位
欧盟	欧盟氢能战略	2020年7月	2024	实现6吉瓦电解槽的目标
			2030	欧洲的电解槽容量将达到40吉瓦，以生产可再生氢；太阳能和风能将达到80千兆~120千兆瓦，成本将达到2,200亿~3,400亿欧元；为了建立低碳/可再生氢的贸易，需要建立一个认证体系和原产地保证
德国	国家氢能战略	2020年6月	2021~2023	逐步扩大市场规模，为良好运作的德国国内氢能市场奠定基础
			2024~2030	巩固德国国内市场，参与建立欧洲和国际层面的氢能市场
澳大利亚	澳大利亚国家氢能战略	2019年11月		早期行动将集中于开发清洁氢供应链，以服务于新的和现有的氢使用
韩国	氢经济发展蓝图	2019年1月	2040	从灰氢转换为绿氢，转换生产模式；确立稳定、经济的储、运体系；扩大运输、能源（电、热）等场所的利用；建立氢产业生态系统及前期安全管理体系
日本	氢能基本战略	2017年12月	2030	开拓国际氢能供应链；开发国内电转气技术，提供可再生氢能供应；形成30万吨/年的商业化供给能力，氢气成本达到3美元/千克；燃料电池汽车方面，加氢站达到900座，氢燃料电池汽车达到80万辆，公交车达到1,200辆，叉车达到1,000辆，家用热电联供分布式燃料电池覆盖530万家庭
			2050	实现无二氧化碳氢能供应；年产量500万~1,000万吨以上，主要用于氢能发电，成本达到2美元/千克；燃料电池汽车方面，加氢站取代加气站，燃料电池汽车取代传统汽油燃料车，并引入大型燃料电池车；家用热电联供分布式燃料电池取代传统居民的能源系统

数据来源：中国氢能联盟研究院统计

德国、法国等重点发展可再生能源制氢，与可再生能源发展、能源安全战略和应用领域脱碳协同推进。俄罗斯、澳大利亚等化石能源丰富国家和日本、韩国等高度依赖能源进口国家，考虑资源和成本因素，采用化石能源+CCUS制氢作为战略过渡配合可再生能源制氢有序发展的实施路径。中国则推动构建清洁化、低碳化、低成本的多元制氢体系，重点发展可再生能源制氢，严格控制化石能源制氢（图1、表2）。

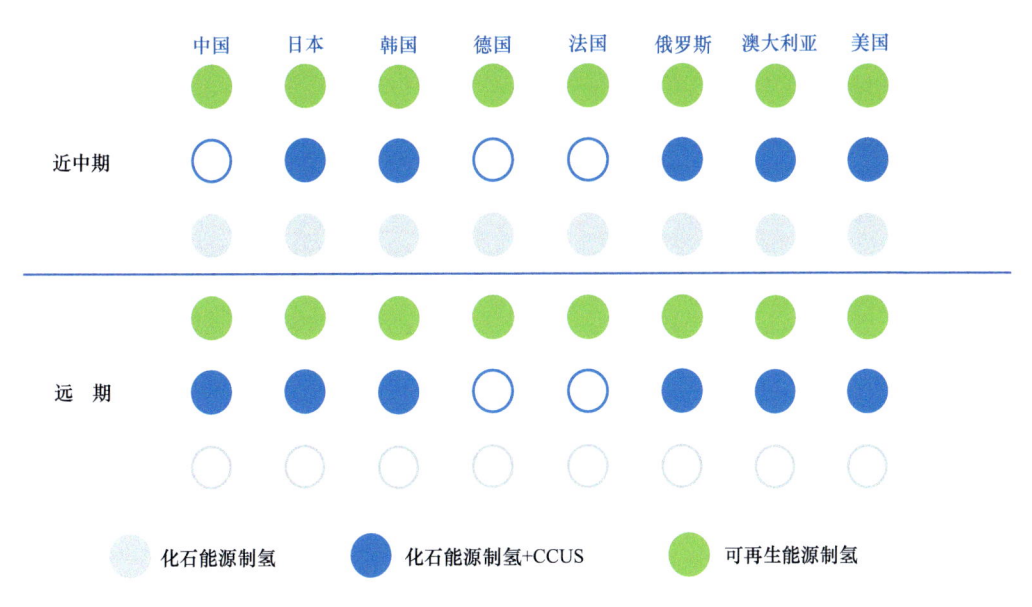

图1 重点国家氢源结构优化路径

数据来源：中国氢能联盟研究院统计

表2 重点国家制氢发展方向与技术攻关方向

国家	发展方向	技术攻关方向
中国	可再生能源制氢	[集中攻关]突破适用于可再生能源电解水制氢的质子交换膜（PEM）和低电耗、长寿命高温固体氧化物（SOEC）电解制氢关键技术，开展太阳能光解水制氢、热化学循环分解水制氢、低热值含碳原料制氢、超临界水热化学还原制氢等新型制氢技术基础研究。[示范试验]开展多能互补可再生能源制氢系统最优容量配置研究，研发动态响应、快速启停及调度控制等关键技术；建立可再生能源-燃料电池耦合系统协同控制平台；研发可再生能源离网制氢关键技术；开展多应用场景可再生能源-氢能的综合能源系统示范

续表

国家	发展方向	技术攻关方向
加拿大	短期：低碳氢	如天然气蒸汽甲烷重整技术+CCS，并满足开发成本预期
	长期：转向可再生能源和零排放的原料	1.电解氢；2.化石燃料制氢（天然气重整制氢）；3.生物质制氢（生物质气化：林业和农业生物质气化、垃圾填埋场/污水/农业用气改造）；4.工业副产氢（氯碱工业副产氢）
英国	化石燃料制氢、电解水制氢	化石能源制氢（无碳捕集的蒸汽甲烷重整、蒸汽甲烷重整或带有碳捕获的自热重整、甲烷热解、甲烷转化炉；探索将氢气混合到天然气管网中的方案；电解制氢（栅极电解、可再生电解、低温核电解、高温核电解）；高温分解制氢（热化学分解水）；生物质制氢（碳捕获生物能源和储存）
法国	低碳氢，清洁氢	电解水制氢、核能制氢
德国	电解水制氢	质子交换膜电解、碱性水电解和高温电解是重点研究方向，阴离子导电膜电解技术发展成熟
美国	化石能源制氢（煤气化制氢、CCUS）、电解水制氢（质子交换膜电解、高温电解、低温电解）、生物质制氢（沼气重整和废水发酵/SMR工艺）	1.含还原铂族金属的新催化剂和电催化剂；2.分布式和大容量电力系统的模块化气化和电解系统；3.低成本、耐用的膜和分离材料；4.新颖、耐用、低成本的热化学和光电化学材料；5.加速应力试验，了解降解机制，以提高耐久性；6.降低改造技术的资本成本，包括自热式改造；7.改善电厂组件和子系统的平衡，如电力电子、净化和热气体净化；8.部件设计和材料集成，以实现大规模扩展和可制造性；9.可逆燃料电池系统，包括多联产电力和氢气；10.系统设计、混合和优化，包括过程强化
俄罗斯	电解水制氢；核能制氢	在碳氢化合物加工设施或者天然气生产设施中创建用于低碳氢生产的设施
韩国	利用腐生氢及大规模提取氢生产	可再生能源制氢（太阳能、风力发电）、生物质能制氢
日本	工业副产制氢（现存）、液化石油气的重整氢气（现存）	CCS+化石能源制氢（从褐煤中生产无二氧化碳氢的技术）；可再生能源制氢；储存氢等可再生能源电力的"电转气"技术；研究高效电解水、人工光合作用、透氢膜净化氢等新型制氢技术

数据来源：中国氢能联盟研究院统计

一　政策标准

（二）中国氢能政策

国家规划和支持政策相继出台，顶层设计体系初步搭建完毕（图2）。根据中国氢能联盟研究院统计，截至2022年底，中国发布国家级氢能专项政策2项（表3），涉氢政策70余项。

"十五"时期：
"三纵三横"布局
- 以燃料电池汽车、混合动力电动汽车、纯电动汽车三种车型为"三纵"
- 以多能源动力总成、电动汽车驱动电机、电动汽车动力电池三种共性技术为"三横"

"十一五"时期：氢能与燃料电池技术列入超前部署前沿技术

"十二五"时期：燃料电池汽车纳入国家战略性新兴产业规划

"十三五"时期：系统推进燃料电池汽车研发与产业化

"十四五"时期：强调燃料电池汽车的示范应用，实施"以奖代补"氢能产业发展中长期规划（2021—2035年）

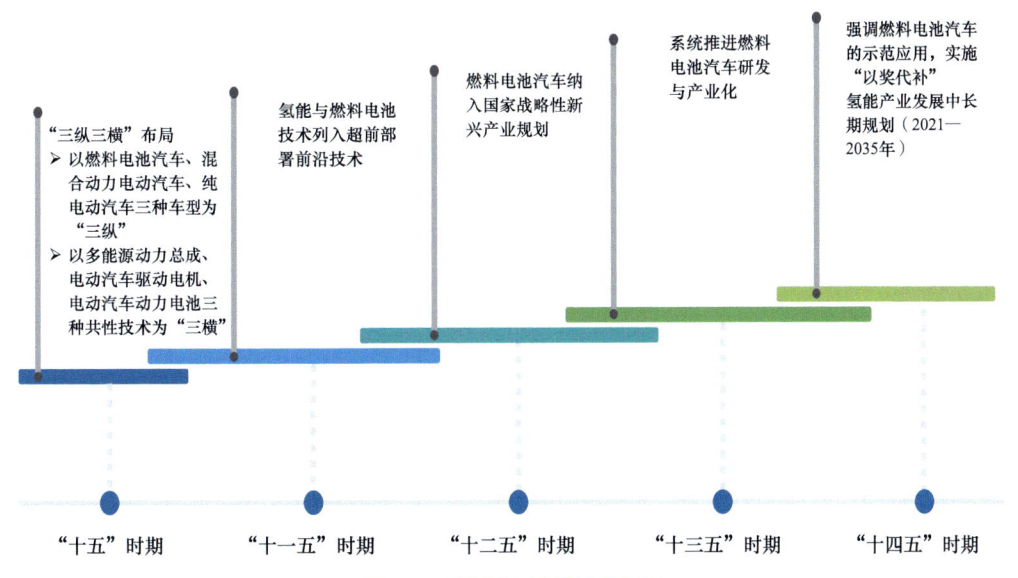

图2　我国氢能规划演进

数据来源：中国氢能联盟研究院统计

表 3　国家级氢能专项政策

时间	部门	政策名称	主要内容
2022 年 3 月	国家发改委、国家能源局	《氢能产业发展中长期规划（2021—2035年）》	氢能是未来国家能源体系的重要组成部分、是用能终端实现绿色低碳转型的重要载体、是战略性新兴产业和未来产业重点发展方向。到 2025 年，形成较为完善的氢能产业发展制度政策环境，产业创新能力显著提高，基本掌握核心技术和制造工艺，初步建立较为完整的供应链和产业体系。氢能示范应用取得明显成效，清洁能源制氢及氢能储运技术取得较大进展，市场竞争力大幅提升，初步建立以工业副产氢和可再生能源制氢就近利用为主的氢能供应体系。燃料电池车辆保有量约 5 万辆，部署建设一批加氢站。可再生能源制氢量达到 10 万~20 万吨/年，成为新增氢能消费的重要组成部分，实现二氧化碳减排 100 万~200 万吨/年。再经过 5 年的发展，到 2030 年，形成较为完备的氢能产业技术创新体系、清洁能源制氢及供应体系，产业布局合理有序，可再生能源制氢广泛应用，有力支撑碳达峰目标实现
2020 年 9 月	财政部、工信部、科技部、发改委、国家能源局	《关于开展燃料电池汽车示范应用的通知》	对燃料电池汽车的购置补贴政策，调整为燃料电池汽车示范应用支持政策，对符合条件的城市群开展燃料电池汽车关键核心技术产业化攻关和示范应用给予奖励，形成布局合理、各有侧重、协同推进的燃料电池汽车发展新模式

数据来源：中国氢能联盟研究院统计

1. 战略支撑与产业引导规划

近年来，中国政府高度重视氢能产业发展，在政府工作报告、碳达峰碳中和工作以及汽车、储能等领域均对氢能进行安排，不断予以指导和支持。具体如表 4 所示。

一 政策标准

表4 我国战略支撑与产业引导规划

时间	部门	政策名称	主要内容
2017年4月	工信部、国家发改委、科技部	《汽车产业中长期发展规划》	加强燃料电池汽车、智能网联汽车技术的研发，支持汽车共享、智能交通等关联技术的融合和应用。逐步扩大燃料电池汽车试点示范范围
2018年12月	国家发改委、工信部等	《柴油货车污染治理攻坚战行动方案》	鼓励各地组织开展燃料电池货车示范运营，建设一批加氢示范站。推广使用新能源和清洁能源汽车
2019年3月	国务院	《2019年政府工作报告》	稳定汽车消费，继续执行新能源汽车购置优惠政策，推动充电、加氢等设施建设
2020年3月	国家发改委、司法部	《关于加快建立绿色生产和消费法规政策体系的意见》	促进能源清洁发展，建立完善与可再生能源规模化发展相适应的法规与政策，研究制定氢能等新能源发展的标准规范和支持政策
2020年10月	国务院办公厅	《新能源汽车产业发展规划（2021—2035年）》	深化"三纵三横"研发布局，开展燃料电池系统技术攻关，突破氢燃料电池汽车应用支撑技术等瓶颈，提升基础关键技术、先进基础工艺、基础核心零部件、关键基础材料等研发能力，支持有条件的地区开展燃料电池汽车商业化示范运行
2020年12月	国务院新闻办公室	《新时代的中国能源发展》白皮书	加速发展绿氢制取、储运和应用等氢能产业链技术装备，促进氢能燃料电池技术链、氢燃料电池汽车产业链发展
2021年9月	国务院	《关于完整准确全面贯彻新发展理念做好碳达峰碳中和工作的意见》	通过10大方面31项重点任务保障"双碳"战略落地，制定了"双碳"工作的路线图，加快推进低碳交通运输体系建设，优化交通运输结构，推广节能低碳型交通工具，积极引导低碳出行。统筹推进氢能"制储输用"全链条发展，推动加氢站建设，加强氢能生产、储存、应用关键技术研发、示范和规模化应用
2021年10月	国务院	《关于印发2030年前碳达峰行动方案的通知》	扩大电力、氢能、天然气、先进生物液体燃料等新能源、清洁能源在交通运输领域的应用。大力推广新能源汽车，逐步降低传统燃油汽车在新车产销和汽车保有量中的占比，推动城市公共服务车辆电动化替代，推广电力、氢燃料、液化天然气动力型货运车辆

9

续表

时间	部门	政策名称	主要内容
2021年12月	国务院国资委	《关于推进中央企业高质量发展做好碳达峰碳中和工作的指导意见》	到2025年，中央企业产业结构和能源结构调整优化取得明显进展，重点行业能源利用效率大幅提升，新型电力系统加快构建，绿色低碳技术研发和推广应用取得积极进展；中央企业万元产值综合能耗比2020年下降15%，万元产值二氧化碳排放比2020年下降18%，可再生能源发电装机比重达到50%以上，战略性新兴产业营收比重不低于30%，为实现碳达峰奠定坚实基础。稳步构建氢能产业体系，完善氢能制、储、输、用一体化布局，结合工业、交通等领域典型用能场景，积极部署产业链示范项目。加大先进储能、温差能、地热能、潮汐能等新兴能源领域前瞻性布局力度
2022年2月	国家发改委、国家能源局	《"十四五"新型储能发展实施方案》	在氢能方面，文件指出，到2025年，新型储能由商业化初期步入规模化发展阶段，具备大规模商业化应用条件。氢储能、热（冷）储能等长时间尺度储能技术取得突破。将加大关键技术装备研发力度，推动多元化技术开发，开展氢（氨）储能等新一代高能量密度储能技术
2022年6月	国家发改委、国家能源局、财政部、自然资源部、生态环境部	《"十四五"可再生能源发展规划》	在氢能方面，文件指出，推动可再生能源规模化制氢利用、开展规模化可再生能源制氢示范；推进化工、煤矿、交通等重点领域绿氢替代；建设海洋能、储能、制氢、海水淡化等多种能源资源转换利用一体化设施；在有条件的地区，利用风光氢储耦合等技术，推动新能源开发、输送与终端消费的一体化融合；加强与相关国家在氢能技术上的务实合作
2022年8月	工信部、国家发改委、生态环境部	《工业领域碳达峰实施方案》	在氢能方面，文件指出，推进氢能制储输运销用全链条发展，鼓励有条件的地区利用可再生能源制氢，优化煤化工、合成氨、甲醇等原料结构；研究实施氢冶金行动计划，突破推广一批氢能等关键核心技术

数据来源：中国氢能联盟研究院统计

2. 奖励补贴推广政策

随着新能源汽车技术不断发展，国家对新能源汽车的补贴政策也有所调整，具体如表 5 所示。

表 5　我国奖励补贴推广政策

时间	部门	政策名称	主要内容
2018年2月	财政部、工信部、科技部、发改委	《关于调整完善新能源汽车推广应用财政补贴政策的通知》	根据成本变化等情况，调整优化新能源乘用车补贴标准，合理降低新能源客车和新能源专用车补贴标准。燃料电池汽车补贴力度保持不变，燃料电池乘用车按燃料电池系统的额定功率进行补贴，燃料电池客车和专用车采用定额补贴方式。不断提高燃料电池汽车技术门槛
2020年9月	财政部、工信部、科技部、发改委、国家能源局	《关于开展燃料电池汽车示范应用的通知》	对燃料电池汽车的购置补贴政策，调整为燃料电池汽车示范应用支持政策，对符合条件的城市群开展燃料电池汽车关键核心技术产业化攻关和示范应用给予奖励，形成布局合理、各有侧重、协同推进的燃料电池汽车发展新模式
2021年8月	财政部、工信部、科技部、发改委、国家能源局	《关于启动燃料电池汽车示范应用工作的通知》	明确批复同意北京市、上海市和广东省报送的城市群启动实施燃料电池汽车示范应用工作。在 4 年示范期间，五部委将对入围的城市群按照其目标完成情况，通过"以奖代补"的方式给予奖励
2021年12月	财政部、工信部、科技部、发改委、国家能源局	《关于启动新一批燃料电池汽车示范应用工作的通知》	要求河北省、河南省有关部门要切实加强燃料电池汽车示范应用工作组织实施，建立健全示范应用统筹协调机制，推动牵头城市人民政府不断提升示范应用水平，加快形成燃料电池汽车发展可复制、可推广的先进经验

数据来源：中国氢能联盟研究院统计

3. 技术研发专项政策

2018—2022 年氢能技术专项（图 3）显示，技术方向主要集中在燃料电池环节、储运氢环节、制氢环节，分别达到 27 项、19 项、13 项。其中，制氢环节主要集中在水电解制氢系统。技术类别集中在共性关键技术，占比 66.7%；2022 年，基础前沿技术相比 2018—2021 年明显增加，达到 9 项（具体氢能技术专项列表见附录 1）。

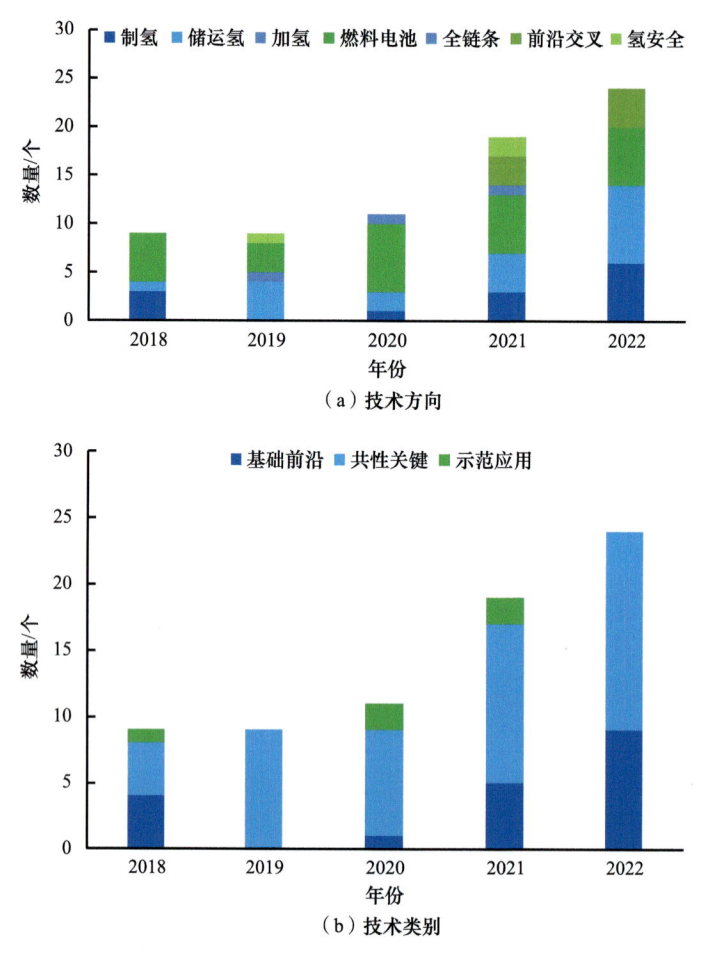

（a）技术方向

（b）技术类别

图 3　2018—2022 年中国氢能技术专项

数据来源：中国氢能联盟研究院统计

一 政策标准

截至 2022 年底，我国现行氢能相关国家标准共计 102 项，涉及氢能基础与管理、氢质量、氢安全、氢工程建设、氢制备与提纯、氢储运与加注、氢能应用、氢相关检测 8 个标准子体系，主要集中在氢相关检测与氢安全环节，合计占比 55.9%。行业标准、地方标准与团体标准作为国家标准的有利补充，目前正在积极发展。行业标准 30 项，集中在氢制备与提纯；地方标准 19 项，集中在氢能应用；团体标准 136 项，集中在氢储运与加注、氢能应用（图 4），七部门联合印发《氢能产业标准体系建设指南（2023 版）》，标准名录见附录 2。

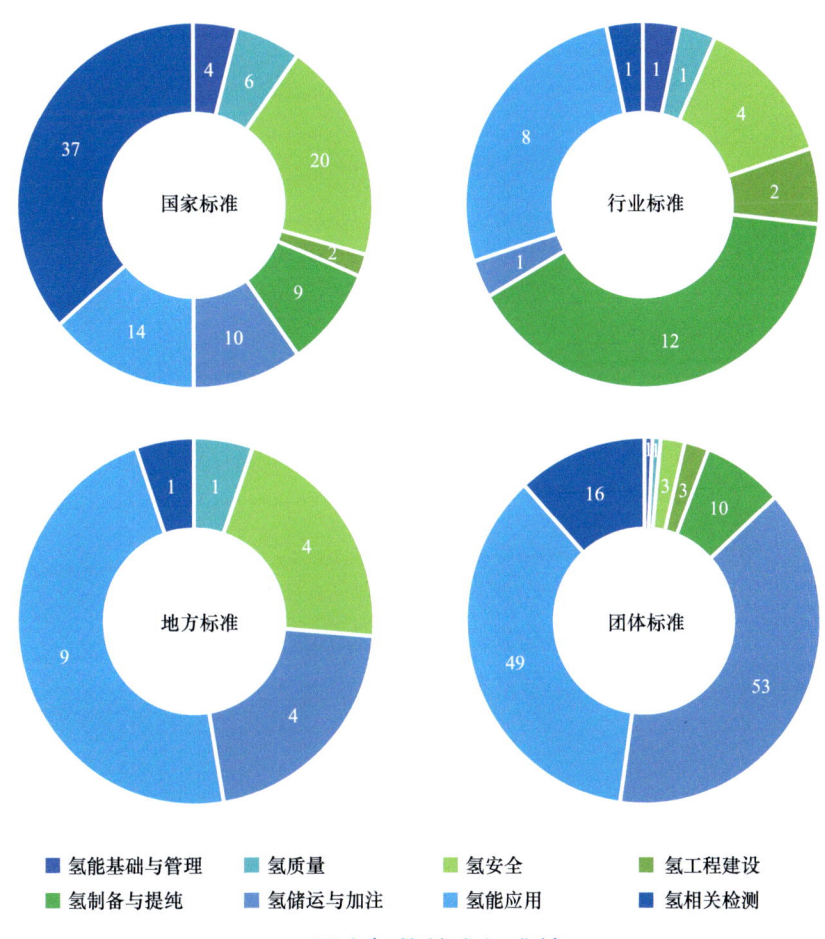

图 4　国内氢能技术标准情况

数据来源：中国氢能联盟研究院统计

（三）地方氢能政策

根据中国氢能联盟研究院统计，截至 2022 年底，中国 26 个省（市、自治区）共公开发布氢能及燃料电池产业专项政策 316 项（图 5），其中省级专项政策 76 项。规划内容多以燃料电池汽车及配套产业建设为核心，在能源、工业等领域的应用成为各地新关注点。

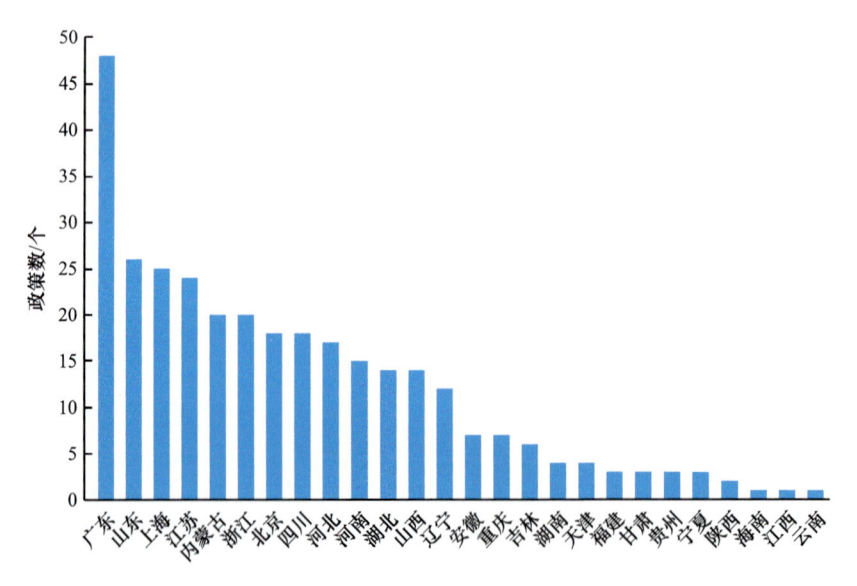

图 5 氢能与燃料电池产业专项政策统计

数据来源：中国氢能联盟研究院统计

多地将交通应用作为行业突破口，支持氢燃料电池汽车推广与加氢站建设。到 2025 年，我国 24 个省、市、自治区拟累计推广氢燃料电池汽车 11.4 万辆，建设加氢站超 1,100 座，总产值近万亿元（如图 6 所示，具体列表见附录 3）。

一 政策标准

图6 各省级规划及发展目标（至2025年）

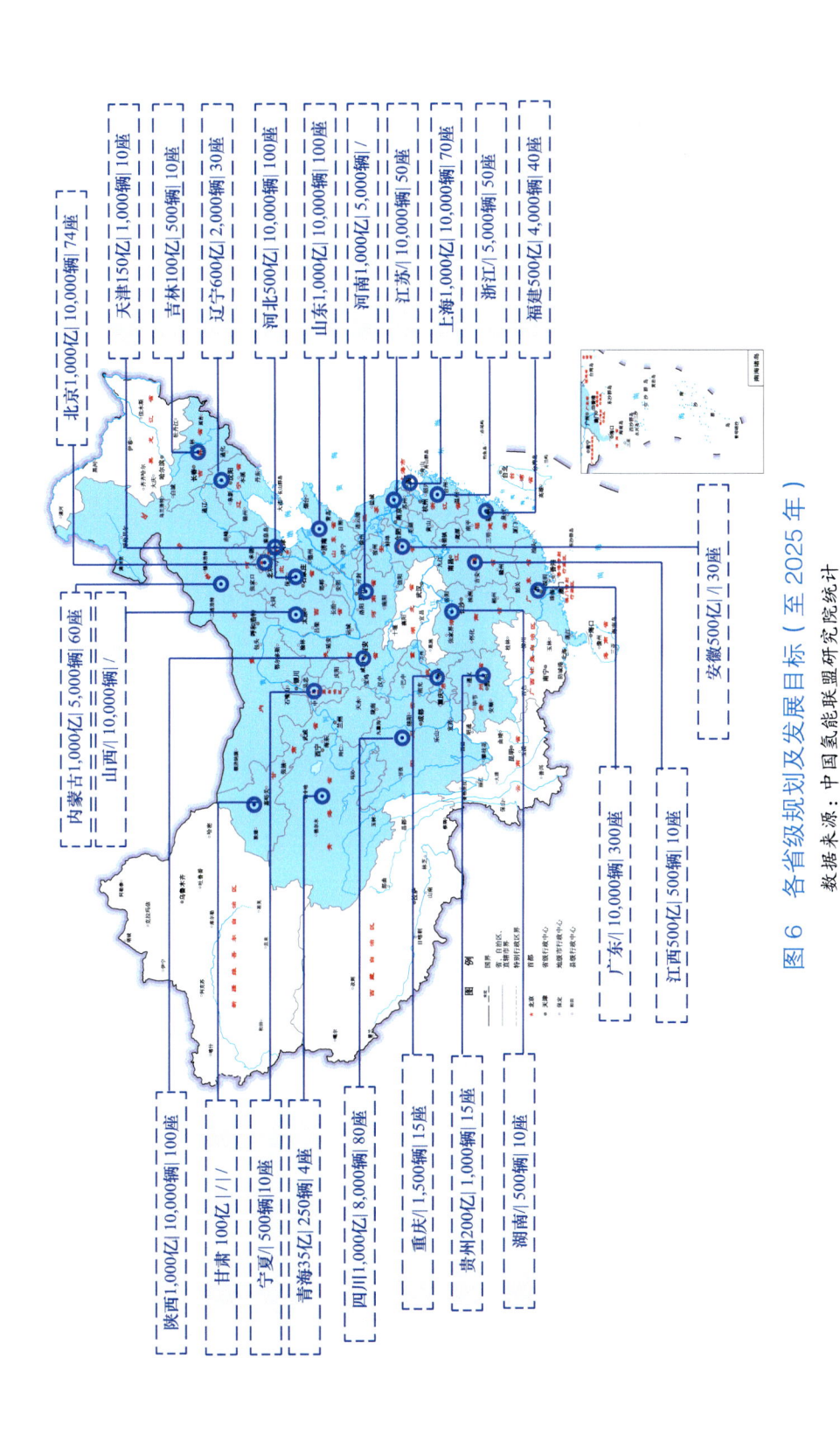

数据来源：中国氢能联盟研究院统计

图中数据分别为产值 | 燃料电池汽车数量 | 加氢站数量；/表示未提及

备注：四川省规划及发展目标为2030年数据；

北京1,000亿|10,000辆|74座
天津150亿|1,000辆|10座
吉林100亿|500辆|10座
辽宁600亿|2,000辆|30座
河北500亿|10,000辆|100座
山东1,000亿|10,000辆|100座
河南1,000亿|5,000辆|/
江苏/|10,000辆|50座
上海1,000亿|10,000辆|70座
浙江/|5,000辆|50座
福建500亿|4,000辆|40座
安徽500亿|/|30座
内蒙古1,000亿|5,000辆|60座
山西/|10,000辆|/
陕西1,000亿|10,000辆|100座
甘肃100亿|/|/
宁夏/|500辆|10座
青海35亿|250辆|4座
四川1,000亿|8,000辆|80座
重庆/|1,500辆|15座
贵州200亿|1,000辆|15座
湖南/|500辆|10座
广东/|10,000辆|300座
江西500亿|500辆|10座

15

氢能在工业、储能领域应用成为地方发展新关注。例如，吉林省规划试点建设"绿色吉化"项目，建成改造绿色合成氨、绿色甲醇、绿色炼化产能达 25 万~35 万吨；江苏省张家港市拟依托本地企业，突破氢基高炉炼铁和氢基非高炉炼铁等关键技术，实现氢气对钢铁冶炼流程中化石能源的有效替代。广东省佛山市南海区规划分布式发电系统、备用电源、冷热电联供系统装机容量超过 5 兆瓦；北京规划累计推广分布式发电系统装机规模 10 兆瓦以上。

我国地方氢能政策按类型主要可分为发展规划类、财政支持类、管理办法类、项目支持类、氢能安全类与标准体系类。截至 2022 年底，我国地方氢能政策中，发展规划类 138 项，财政支持类 66 项，管理办法类 54 项，项目支持类 52 项，氢能安全类 4 项，标准体系类 2 项（图 7）。

图 7 我国政策类型分类

数据来源：中国氢能联盟研究院统计

截至 2022 年底，中国已有 38 个地方政府发布加氢站建设审批规范文件，其中明确住建（建设）部门或燃气主管部门作为主管部门的地方达到 17 个，占比 44.7%（图 8）。

一　政策标准

图8　我国加氢站主管部门

数据来源：中国氢能联盟研究院统计

制氢补贴方面，为解决氢气价格偏高、来源非绿色等问题，各地针对清洁氢与可再生氢出台相关政策，降低电解水制氢成本，并扩大电解水制氢的应用范围（表6）。

表6　部分地方制氢奖励

地点	内容
广东	落实燃料电池汽车专用制氢站用电价格执行蓄冷电价政策
吉林	对年产绿氢100吨以上（含100吨）的项目，以首年15元/千克的标准为基数，采取逐年退坡的方式（第2年按基数的80%、第3年按基数的60%），连续3年给予补贴支持，每年最高补贴500万元
湖北	对在可再生能源富集地区发展风光水规模电解水制氢，按照1,000标方/时制氢能力，奖励50兆瓦风电或光伏开发资源并视同于储能
河北张家口	对为示范车辆提供绿氢的可再生能源电解水制氢项目，在项目审批、建设用地等方面予以倾斜
广东深圳	站内电解水制氢用电价格执行蓄冷电价政策，电解制氢设施谷期用电量超过50%的免收基本电费

17

续表

地点	内容
河南濮阳	对绿氢出厂价格不高于同纯度工业副产氢平均出厂价格，且用于本市加氢站加注的，按照年度累计供氢量给予补助。首年给予15元/千克补贴，此后逐年按20%退坡，每年最高不超过500万元。对绿氢制备企业给予一定风电、光伏等指标配备支持
四川成都	支持符合条件的新型电池、电解水制氢、光伏等绿色高载能企业和重点优势企业纳入全水电交易；统筹推进"制储输用"全链条发展，加快建设"绿氢之都"，对绿电制氢项目市、区(市)县两级联动给予0.15~0.2元/千瓦时的电费支持
四川攀枝花	支持制氢产业发展，其增量用电量执行单一制输配电价0.105元/千瓦时(含线损)，电解氢项目建成后次年纳入全水电交易范围

加氢站补贴方面，为促进加氢站建设运营，各地纷纷发布财政支持政策，给予加氢站建设补贴与运营补贴，2022年，奖励从7.5元/千克至50元/千克不等，其中10元/千克奖励被广泛采用（表7）。

表7 部分地方氢气奖励

序号	地点	氢气补贴（元/千克）					
		2020年	2021年	2022年	2023年	2024年	2025年
1	北京	10	10	10	10	10	10
2	天津滨海新区保税区	10	10	10			
3	河北定州	10	10	10	10	10	10
4	山西长治上党区	24	18	18	12		
5	内蒙古乌海	10	10	10			
6	辽宁大连	40@35兆帕 50@70兆帕	40@35兆帕 50@70兆帕	30@35兆帕 40@70兆帕	20@35兆帕 30@70兆帕		
7	上海		20	15	15	10	10

续表

序号	地点	氢气补贴（元/千克）					
		2020年	2021年	2022年	2023年	2024年	2025年
8	江苏常熟	20@35兆帕 25@70兆帕	20@35兆帕 25@70兆帕	20@35兆帕 25@70兆帕	20@35兆帕 25@70兆帕	20@35兆帕 25@70兆帕	20@35兆帕 25@70兆帕
9	浙江宁波		14	14	12	8	6
10	浙江嘉兴		15	12	9	6	3
11	浙江平湖		20	15	10	5	
12	浙江舟山普陀区		15	10	5		
13	福建福州		20	14	9		
14	山东淄博		15	10			
15	河南濮阳			15	15	10	10
16	湖北武汉			15	12	9	6
17	广东广州黄埔区、开发区		20	15	15		
18	广东广州南沙区			15	15	15	
19	广东佛山南海区	20	20	18	18	18	18
20	重庆		30	30	30		
21	四川成都	20	20	20			
22	四川内江威远县		20	20	20		
23	四川攀枝花		0	15	15	15	

数据来源：中国氢能联盟研究院统计；40@35兆帕代表35兆帕加氢站补贴40元/千克，余同。

二 生产消费

二 生产消费

（一）氢能生产

1. 全球氢能生产情况

综合全球主流机构组织数据，2022年，全球氢气生产规模超过10,500万吨。

全球清洁氢项目密集落地，已投运电解水制氢项目数量级规模持续提高。截至2022年底，项目部署总数达到277个，总规模达到585.6兆瓦（图9）。多个国家开展化石能源制氢+CCUS试点，项目单体规模倍数增长。项目产能超220万吨/年，二氧化碳捕集能力近1,200万吨/年（图10）。

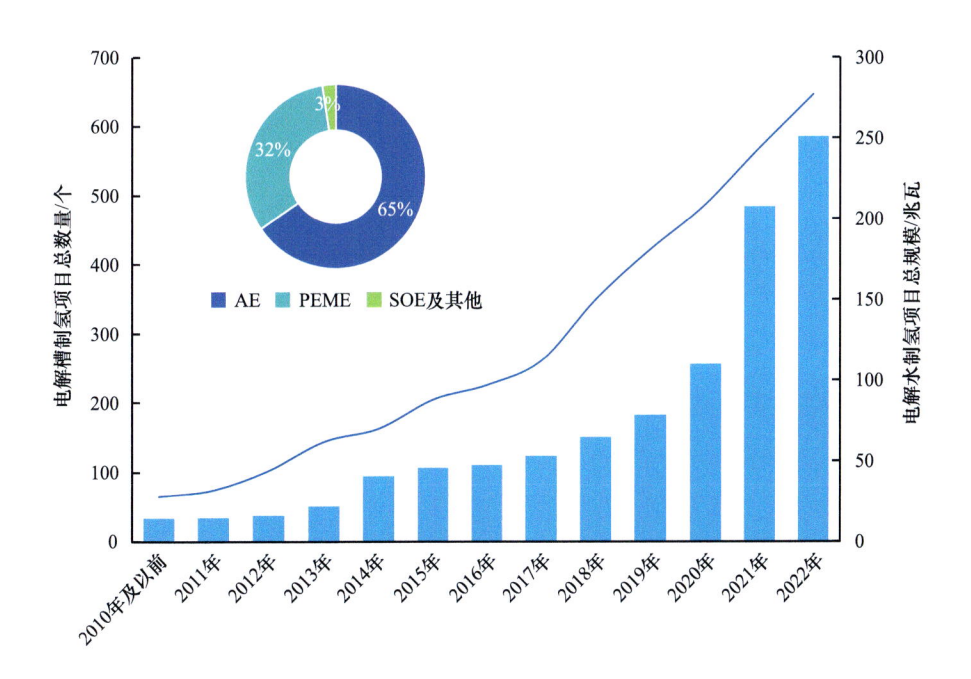

图9 全球电解水制氢项目（截至2022年底）

数据来源：中国氢能联盟研究院统计；AE是碱性电解水制氢；PEME是质子交换膜电解水制氢；SOE是固体氧化物电解水制氢

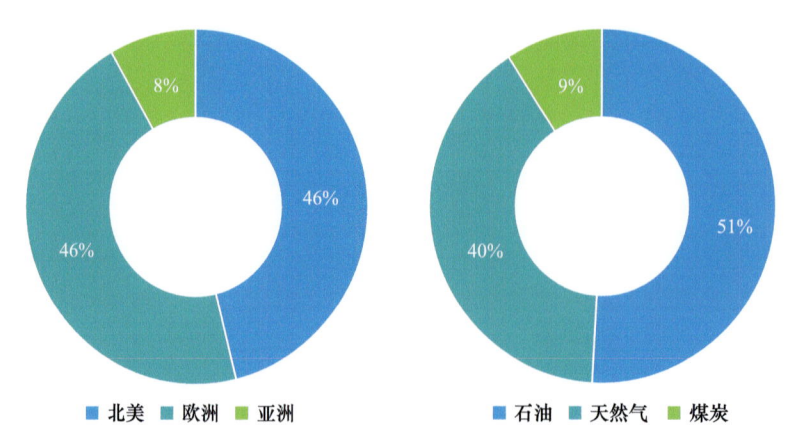

图 10 全球已规划化石能源制氢 +CCUS 项目（截至 2022 年底）

数据来源：中国氢能联盟研究院统计

澳大利亚政府将清洁氢生产成本低于 2 美元 / 千克列入长期减排计划；美国能源部发布《国家清洁氢能战略和路线图（草案）》，旨在 10 年内将清洁氢成本降低至 1 美元 / 千克；中国氢能联盟研究院发布《可再生氢 100 发展路线图》，预计 2030 年中国可再生氢平均成本有望下降至 13 元 / 千克以下。随着成本持续下降，低碳清洁氢将逐渐具备与化石能源制氢竞争的能力。

2. 中国氢能生产情况

根据中国氢能联盟研究院统计，2022 年，中国氢气产量约 3,533 万吨，主要集中在西北、华东和华北地区，合计占比 74%（图 11）。

化石能源制氢方面，煤制氢产量达到 1,985 万吨，占比 56%；其次分别为天然气制氢和甲醇制氢。2022 年，中国化石能源制氢产能分布及产量前十名如图 12 所示。

二 生产消费

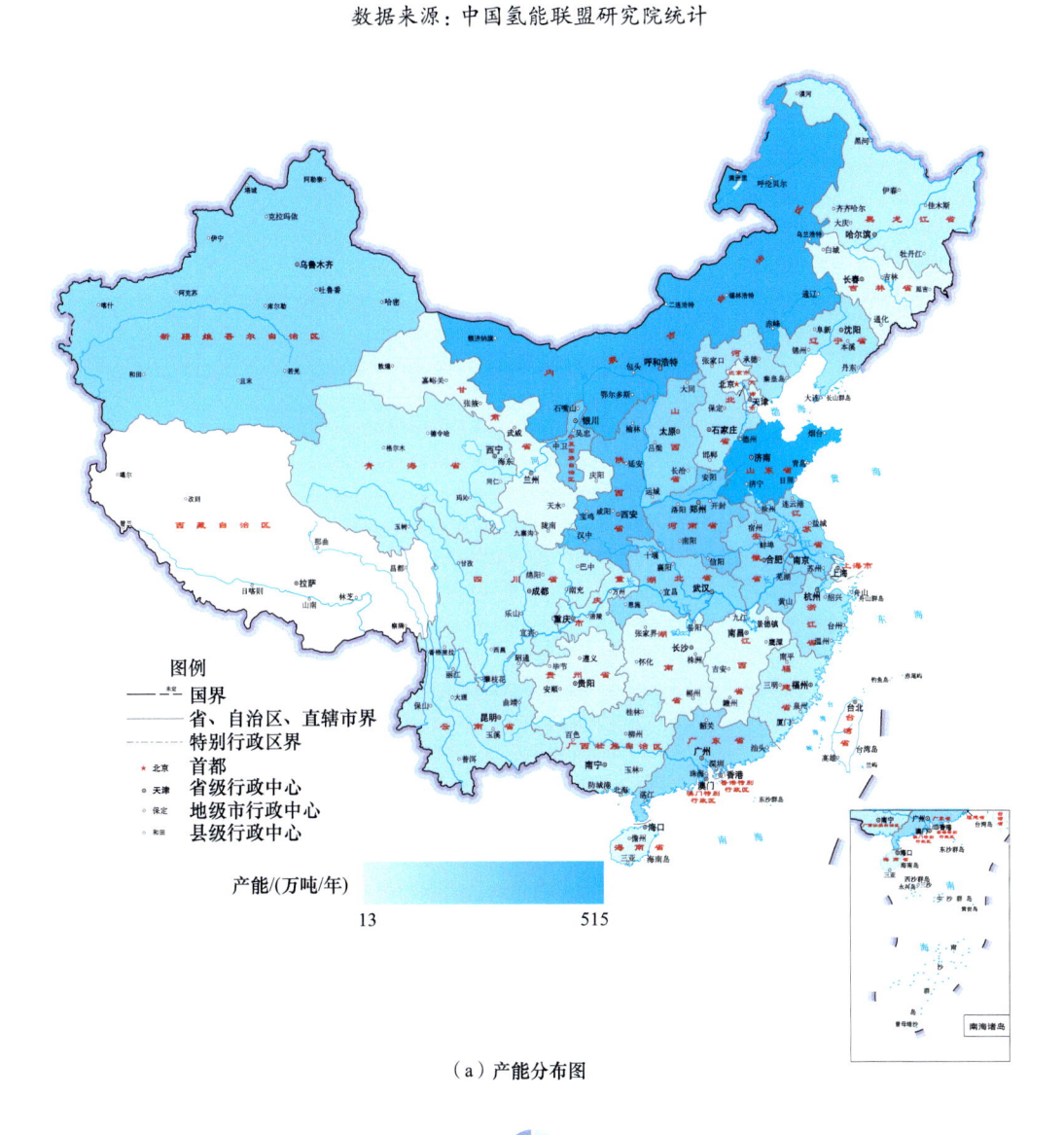

- 煤制氢 56%
- 天然气制氢 21%
- 工业副产氢 20%
- 电解水制氢 2%
- 甲醇制氢 1%

中国氢源结构 2022年

- 西北 33%
- 华东 28%
- 华北 13%
- 华中 10%
- 西南 6%
- 东北 6%
- 华南 4%

中国各区域产量 2022年

图 11 2022年中国氢气生产结构及区域分布

数据来源：中国氢能联盟研究院统计

图例
— · — 国界
——— 省、自治区、直辖市界
――― 特别行政区界
★ 北京 首都
◎ 天津 省级行政中心
○ 保定 地级市行政中心
· 和田 县级行政中心

产能/(万吨/年)
13　　　　　　515

（a）产能分布图

25

（b）产量前十名

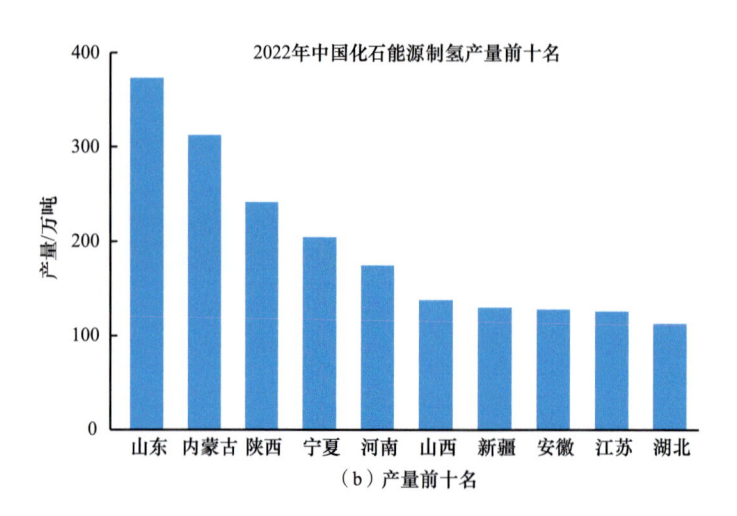

图 12　2022 年中国化石能源制氢情况

数据来源：中国氢能联盟研究院统计

我国工业副产氢规模较大，产量约 712 万吨，在供应方面具有优势，其中，焦炭副产氢约 490 万吨，氯碱副产氢约 85 万吨。部分企业正积极利用自身副产氢资源，建立燃料电池氢工业中心与加氢母站。2022 年，中国工业副产氢产能分布及产量前十名如图 13 所示。

2022 年，中国已规划超过 300 个可再生能源制氢项目（图 14），其中建成运营项目已达到 36 个，合计可再生氢产能约 5.6 万吨/年。西北地区规划项目多为大规模示范，推动产业规模化发展；东部地区规划项目多为分布式示范，探索多能互补路径；海上风电制氢和氨裂解制氢正在有序推进。

我国已建成运营可再生能源制氢项目电力来源主要来源于光伏，项目规模占比 85%；技术路线以碱性电解水制氢为主，项目规模占比 96%；应用方向以炼化为主，项目规模占比 51%。

二 生产消费

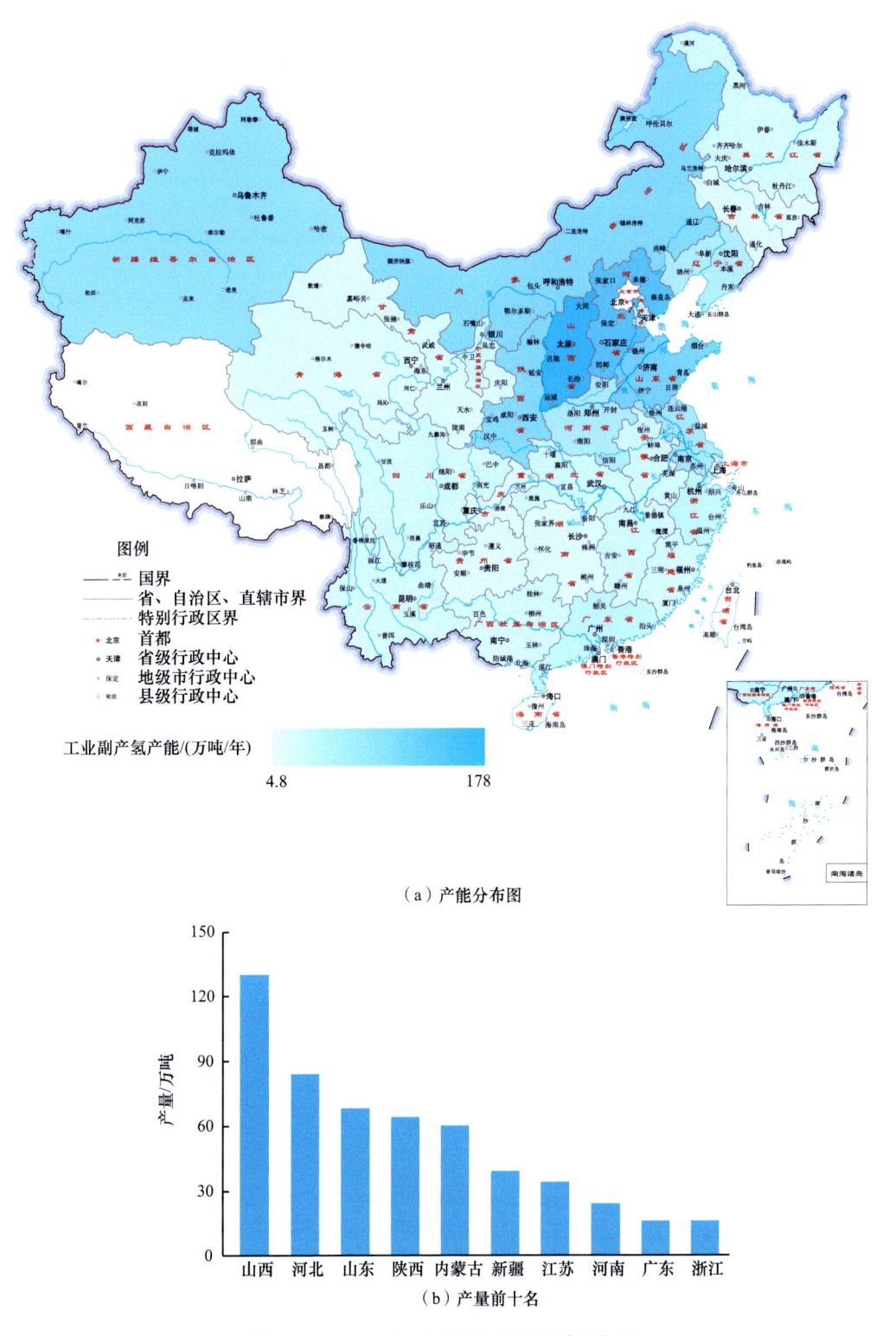

(a) 产能分布图

(b) 产量前十名

图 13 2022年中国工业副产氢情况

数据来源：中国氢能联盟研究院统计

（a）产能分布

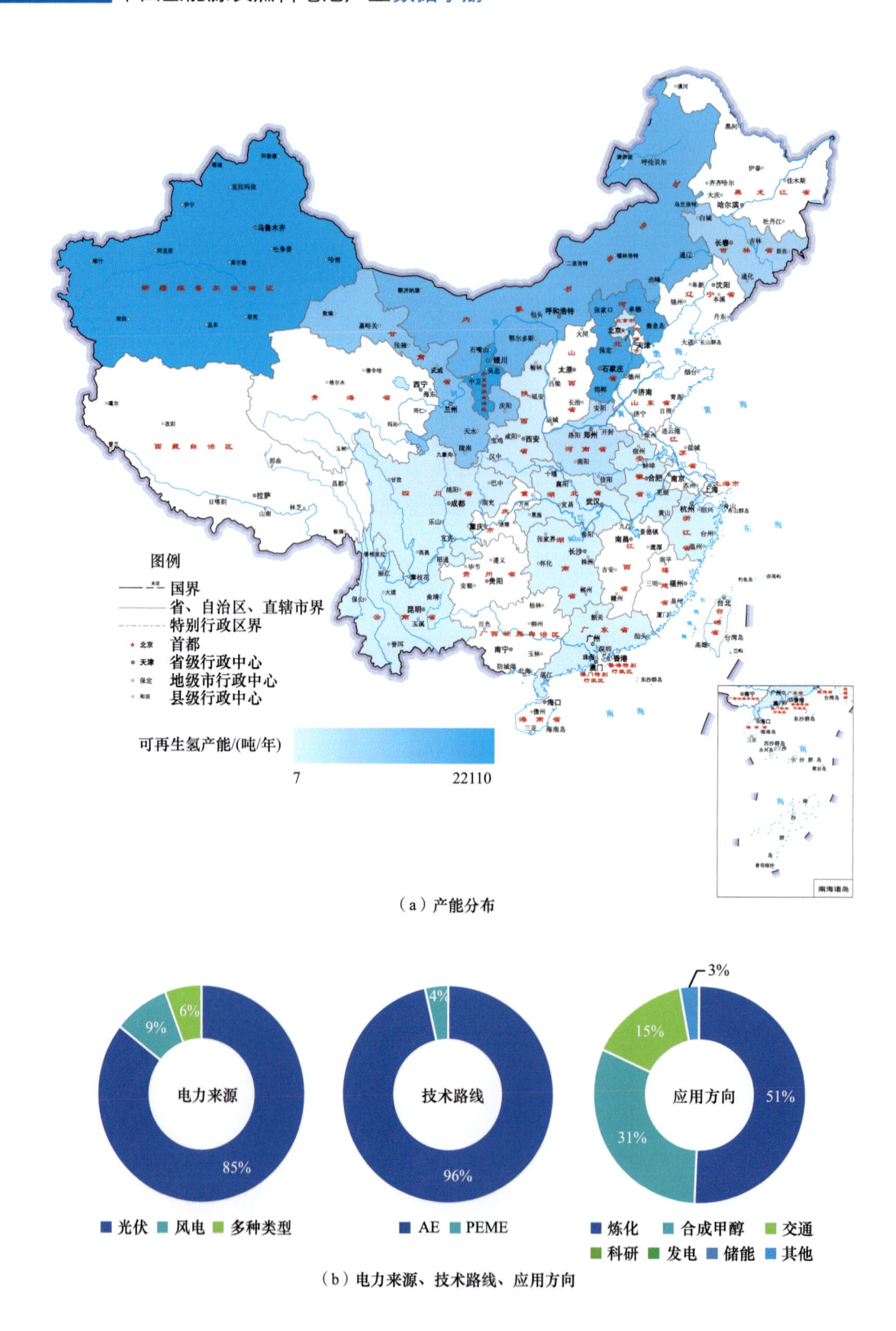

（b）电力来源、技术路线、应用方向

电力来源：光伏 85%，风电 9%，多种类型 6%

技术路线：AE 96%，PEME 4%

应用方向：炼化 51%，合成甲醇 31%，交通 15%，科研/发电/储能/其他 3%

二 生产消费

序号	项目名称	项目地点	建成年份	项目规模/兆瓦	项目类型
1	液态太阳燃料合成示范工程项目	甘肃	2020	10	AE
2	太阳能电解制氢储能项目	宁夏	2021	150	AE
3	中原油田兆瓦级电解水制氢示范项目	河南	2022	2.5	PEME

(c) 典型项目进展

图 14 中国各省可再生氢项目图

数据来源：中国氢能联盟研究院统计

受煤炭和天然气市场价格波动影响，煤制氢整体成本水平低于2021年；天然气制氢成本呈现震荡上涨的态势，达到历史价格高位。工业副产氢成本受提纯规模影响显著，各地价格水平高低不一，西北、华北等化工、钢铁产业规模大的地区具备集中式提纯条件，成本具有更大优势。华北、西南等可再生资源富足地区电解水制氢成本初具竞争力。西北、西南、华北等部分区域成本与天然气制氢成本基本持平，通过进一步提升可再生能源制氢项目规模化程度，制氢成本仍有一定下降空间（图15）。

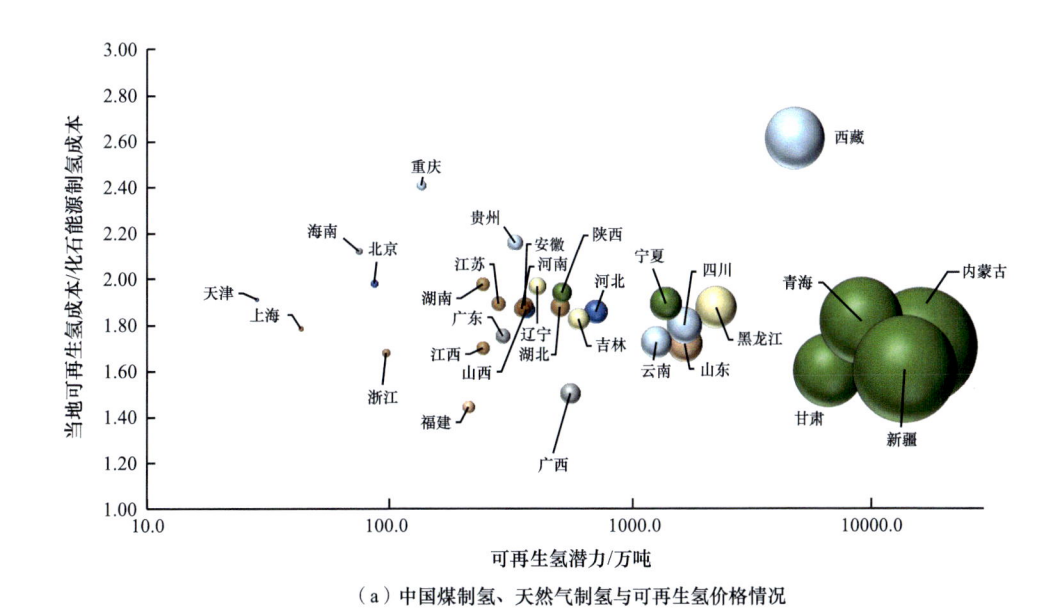

（a）中国煤制氢、天然气制氢与可再生氢价格情况

(b) 中国可再生氢相对竞争力和综合竞争力[①]

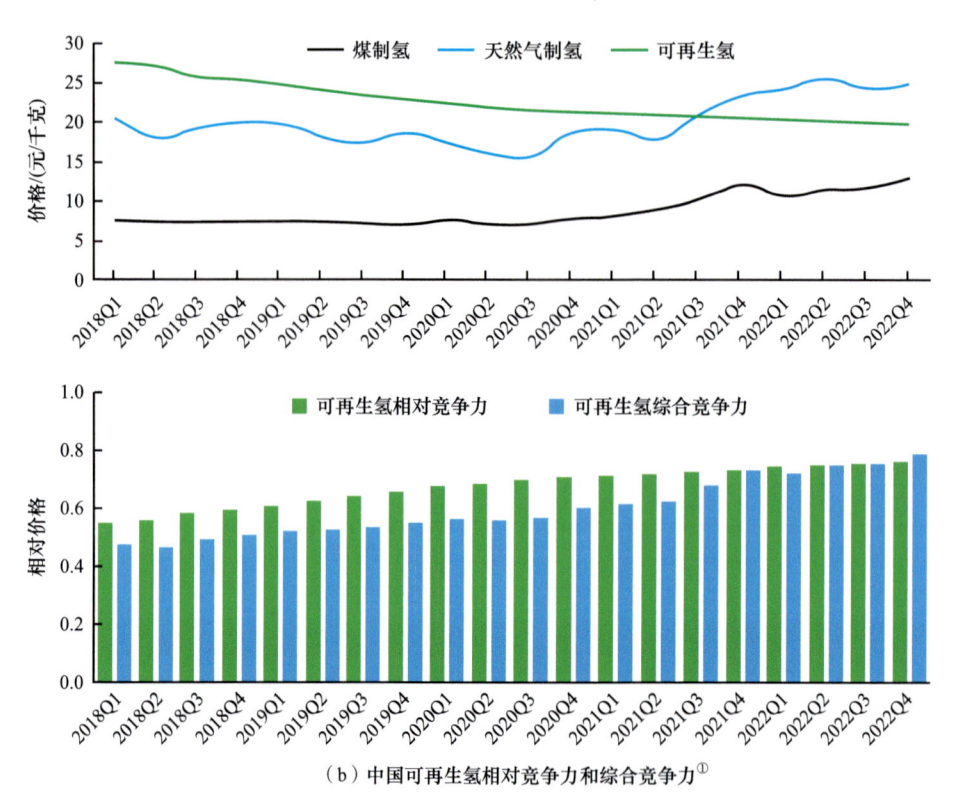

图 15　2022 年各省可再生氢相对价格与发展潜力

数据来源：中国氢能联盟研究院统计

[①] "中国氢气成本评估"体系通过采集各技术路线下制氢工程造价、装备价格、运行及销售数据，各省煤炭、天然气、可再生能源电力等原料价格数据、工程建设周期、工程生命周期、单位容量建设期利息、碳排放成本、利用率等重要因素，综合测算评估各技术路线制氢成本。采用两种方法评估当前可再生能源制氢与化石能源制氢成本价格的竞争力水平。其中，可再生氢相对竞争力定义为以 2030 年可再生氢平价（15 元／千克）目标值与全国／区域内各省可再生氢价的比值。可再生氢综合竞争力定义为全国／区域内各省化石燃料制氢加权价格和 2030 年可再生氢平价目标加权，与全国／区域内各省可再生能源电解水制氢潜力加权价格的比值。

（二）氢能应用

1. 整体情况

综合全球主流机构数据，全球氢气需求约 10,500 万吨，工业、炼化占据氢气消费较大比例，分别约 6,500 万吨和 4,000 万吨。

2022 年，中国氢气整体消费领域集中在化工及炼化行业（图 16），约 2,851 万吨。其中，合成甲醇、合成氨氢气消费量占细分领域前两位，分别约 988 万吨和 973 万吨，占比 28.0% 和 27.5%；炼化、现代煤化工行业氢气消费量约 890 万吨。交通领域占比 <0.1%。其中，合成氨氢气来源主要为煤制氢，占比 75%；合成甲醇氢气来源主要为煤制氢，占比 79%；炼化领域氢气来源主要为天然气制氢，占比 78%（如图 17 所示，具体分布见附录 4）。

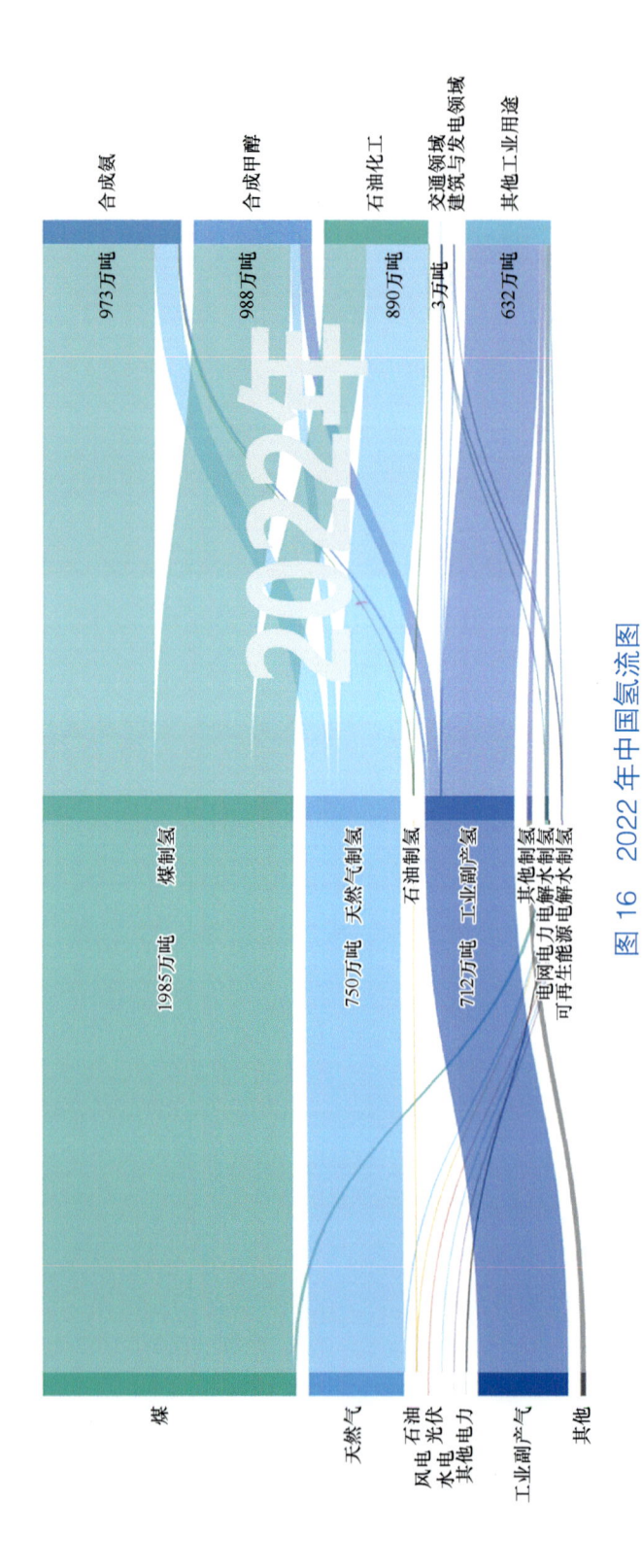

图16 2022年中国氢流图

数据来源：中国氢能联盟研究院统计

二 生产消费

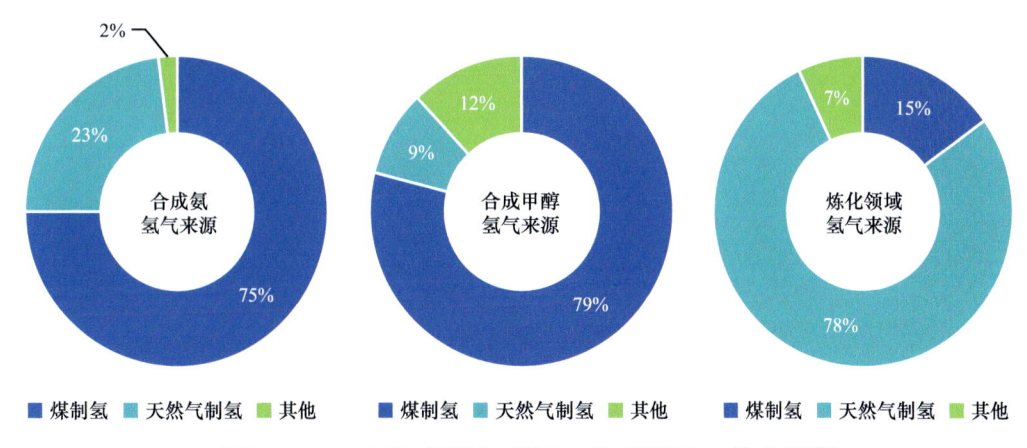

图 17　2022 年中国合成氨、合成甲醇、炼化原料

数据来源：中国氢能联盟研究院统计

中国氢能联盟研究院"中国氢价指数"[①]跟踪统计结果显示，2022年，生产侧和消费侧指数整体持稳，全国平均水平保持在35元/千克和58元/千克。重点区域氢价稳中有降，京津冀、长三角以及大湾区全年平均氢价分为42元/千克、57元/千克和62元/千克（图18）。

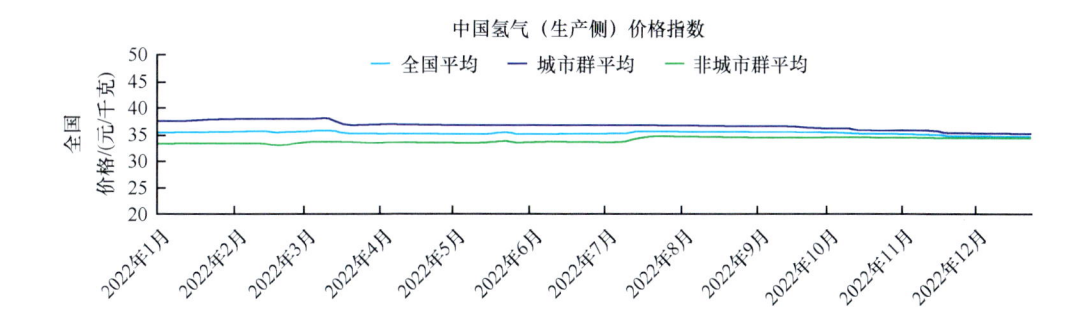

---

① 中国氢能联盟研究院推出"中国氢价指数"，通过对我国氢能全产业链"生产侧"和"消费侧"超50个城市、200个样本点进行统计跟踪，全面、客观、及时地呈现全国及各区域氢能价格变化趋势。

（a）全国、城市群与非城市群

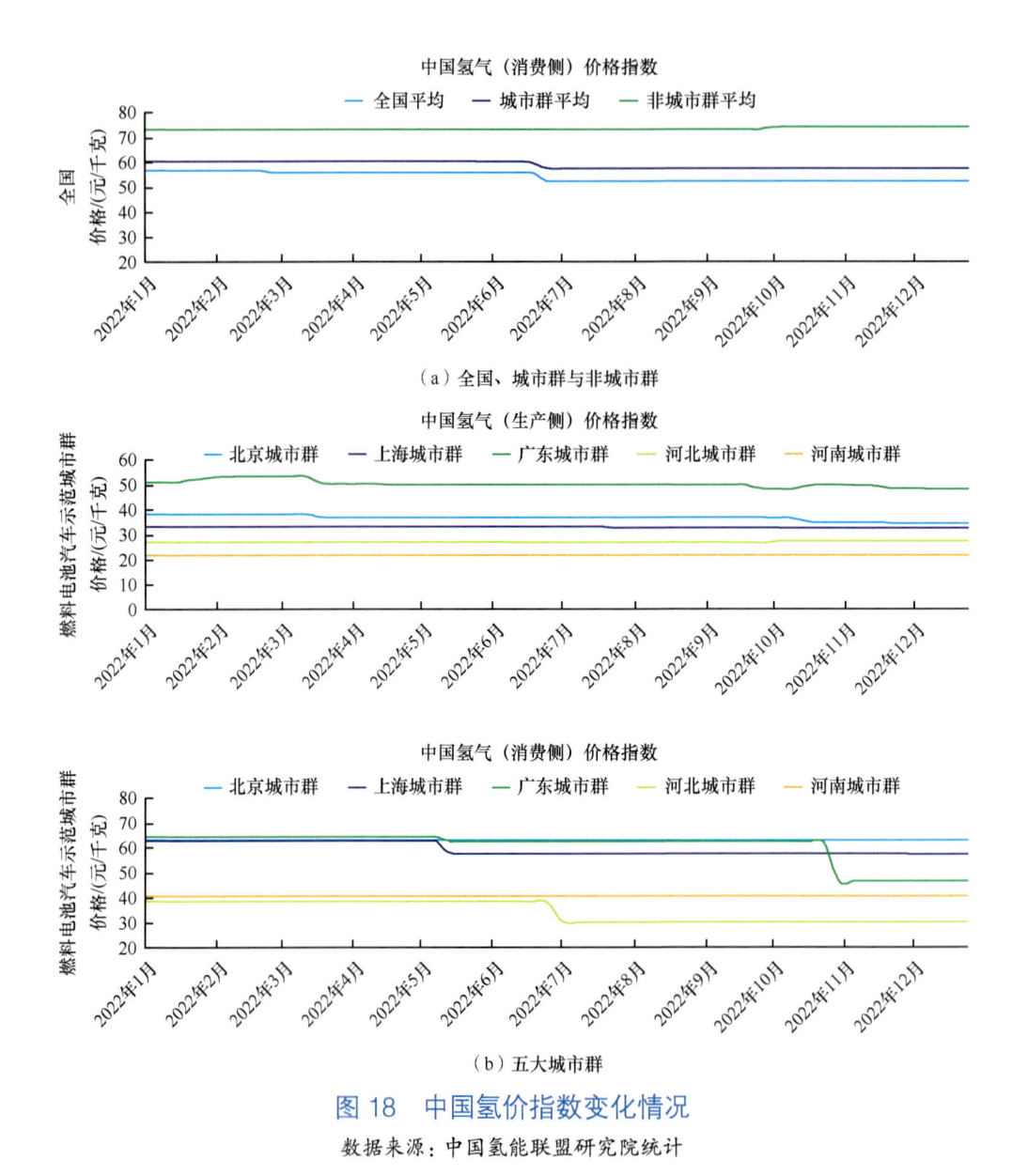

（b）五大城市群

图 18　中国氢价指数变化情况

数据来源：中国氢能联盟研究院统计

2. 交通应用

截至 2022 年底，全球主要国家燃料电池汽车总保有量达到 67,315 辆，同比增长 36.3%。从国别上看，韩国燃料电池汽车保有量位列全球第一，达到 29,369 辆，即将成为全球首个燃料电池汽车保有量达到 3 万辆的国家。2022 年，中国新增燃料电池汽车 3,367 辆；截至 2022 年底，燃料电池汽车保有量突破万辆，达到 12,682 辆（图 19）。从车型上看，韩国现代 NEXO 累计保有量达到 32,864 辆，其中 2022 年销量 10,527 辆，首次实现单年度销量破万；日本丰田 MIRAI 累计保有量达到 21,864 辆，其中 2022 年销量 3,924 辆。

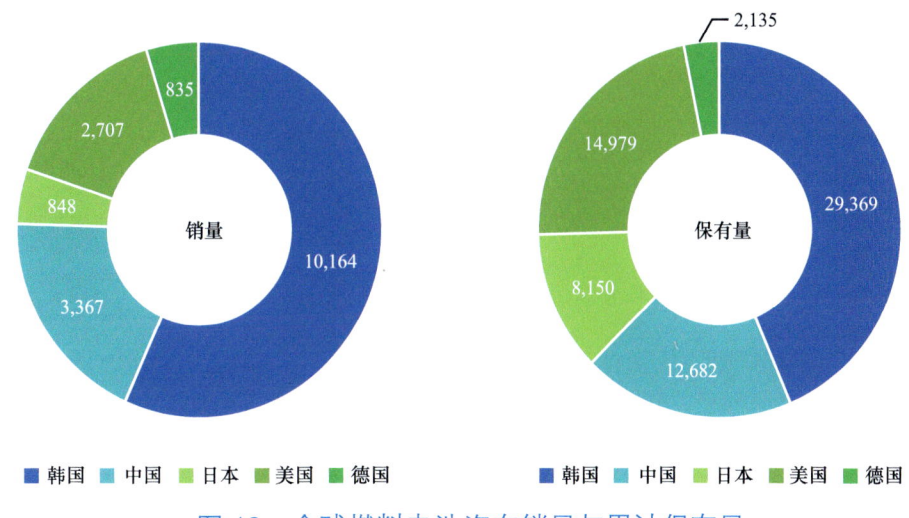

图 19 全球燃料电池汽车销量与累计保有量

数据来源：中国氢能联盟研究院统计

3. 工业应用

全球范围内持续探索绿氢在工业领域的应用，并依托氢基化工广泛开展氢氨贸易合作。截至 2022 年，全球已规划超过 30 个绿色甲醇项目，合计年产能超 480 万吨；超过 70 个绿色合成氨项目，合计年产能超 5,500 万吨（附录 5）。中国工业用氢聚焦化工、钢铁领域，氢基化工和氢冶金项目步入建设期，持续探索可再生氢替代试点示范，推动新技术工艺和管理规范实施（表 8-a、表 8-b）。

表 8-a 全球典型氢冶金项目表

国家	项目	投资	进展	计划
德国	蒂森克虏伯氢冶炼项目	计划到 2050 年投资 100 亿欧元	杜伊斯堡电厂 9 号高炉开始喷氢炼铁试验。根据计划，下一阶段将逐步在高炉的全部 28 个通风口进行氢气喷射，从 2022 年开始，北莱茵威斯特伐利亚的全部 3 个高炉将开始进行氢气喷射，预计将减少 20% 的二氧化碳排放	德国蒂森克虏伯公司计划在 2050 年前达到碳中和的战略目的，并且实现温室气体"净零排放"
德国	DiLLingen 氢气炼钢	1400 万欧元	高炉中喷吹富氢焦炉煤气	计划到 2035 年使二氧化碳排放量减少 40%
瑞典	HYBRIT 项目	计划投资 10 亿~20 亿瑞典克朗	HYBRIT 项目在瑞典 Lulea 建设中试厂，预计 2021—2024 年运行，每年生产 50 万吨直接还原铁	策划在 2026 年面向市场提供首批非化石能源的钢铁产品，在 2035 年前产生无碳处理方案是重要方针
卢森堡	安米欧洲公司氢冶炼项目	6,500 万欧元	进行氢还原铁矿石生产直接还原铁的工业化试验	用氢生产直接还原铁
美国	氢基 Midrex 工艺	N/A	自 1969 年起，Midrex 工厂采用氢气比例超过 50% 的还原气体生产了超 9 亿吨直接还原铁	策划研发使用低碳能源提取纯氢气并且使用支撑的氢气生产直接还原铁的工艺
日本	COURSE50 项目	150 亿日元	基本达到 CO_2 减排 10% 目标	项目计划在 2030 年前完成全部技术研发工作；到 2050 年，全面完成技术推广应用工作，实现技术工程化和产业化
韩国	浦项核能制氢项目	1,000 亿韩元	开展系统集成模块化先进堆和超高温堆技术研发	短期目标是生产氢气，用于从钢铁生产的副产品气体中减少铁，而中长期目标是开发能够以低成本生产大量高纯度氢气的技术

续表

国家	项目	投资	进展	计划
卢森堡	海上风电场和制氢工厂	N/A	德国莱茵集团与卢森堡安赛乐米塔尔集团签署谅解备忘录。根据备忘录，双方拟合作开发、建造和运营海上风电场和制氢工厂，除为安赛乐米塔尔钢铁厂供应绿电外，通过海上风电电力制取的绿氢取代炼钢工艺中的煤炭，推进钢铁工业碳减排	
澳大利亚	绿氢及氢冶金项目	400亿美元	韩国浦项制铁公司宣布，拟在2040年前投资400亿美元在澳大利亚建设绿氢及氢冶金项目。其中，280亿美元用于绿氢生产制造项目（包括风光等可再生能源发电工厂和水电解制氢项目），计划于2040年前绿氢产能达到100万吨/年；120亿美元用于氢冶金项目，用绿氢替代焦炭作为还原剂生产热成型铁	

数据来源：中国氢能联盟研究院统计；N/A表示未知

表8-b 中国典型氢冶金项目表

序号	省市	项目名称	产能/（万吨/年）
1	山西晋中	30万吨/年氢基还原铁项目	30
2	新疆乌鲁木齐	氢能炼钢项目	未披露
3	广东湛江	氢基竖炉工程	200
4	河北邯郸	氢能源开发和利用工程示范项目	120
5	河北唐山	氢能源开发和利用工程示范项目	120

续表

序号	省市	项目名称	产能/（万吨/年）
6	河北张家口	氢能源开发和利用工程示范项目	120
7	山东日照	氢冶金及高端钢材制造项目	50
8	甘肃嘉峪关	煤基氢冶金中试厂	未披露
9	内蒙古乌海	氢基熔融还原法高纯铸造生铁项目	30
10	天津	"钢化联产 - 氢冶金"试验基地	未披露
11	上海	低碳冶金创新中心富氢冶金示范线	未披露
12	四川攀枝花	100万吨氢冶金直接还原项目	100
13	辽宁鞍山	绿氢零碳流化床高效炼铁新技术示范项目	1
14	山东临沂	纯氢冶金技术开发中试基地建设项目	未披露

数据来源：中国氢能联盟研究院统计

4. 发电/热电联供

燃料电池热电联供方面，截至2022年底，日本已安装超465,000套家用燃料电池热电联供系统（ENE-FARM）；欧洲已推广超过10,000套设备。燃料电池发电方面，韩国2022年发电用燃料电池供应量超870兆瓦；美国已安装超550兆瓦固定式燃料电池发电。中国方面，截至2022年底，我国累计建设运营燃料电池发电与热电联产项目达到57个，总规模超12兆瓦。项目建设地点以华东、西北和华南地区为主，占比82%；发电方式以PEMFC为主，占比67%（图20）。

二 生产消费

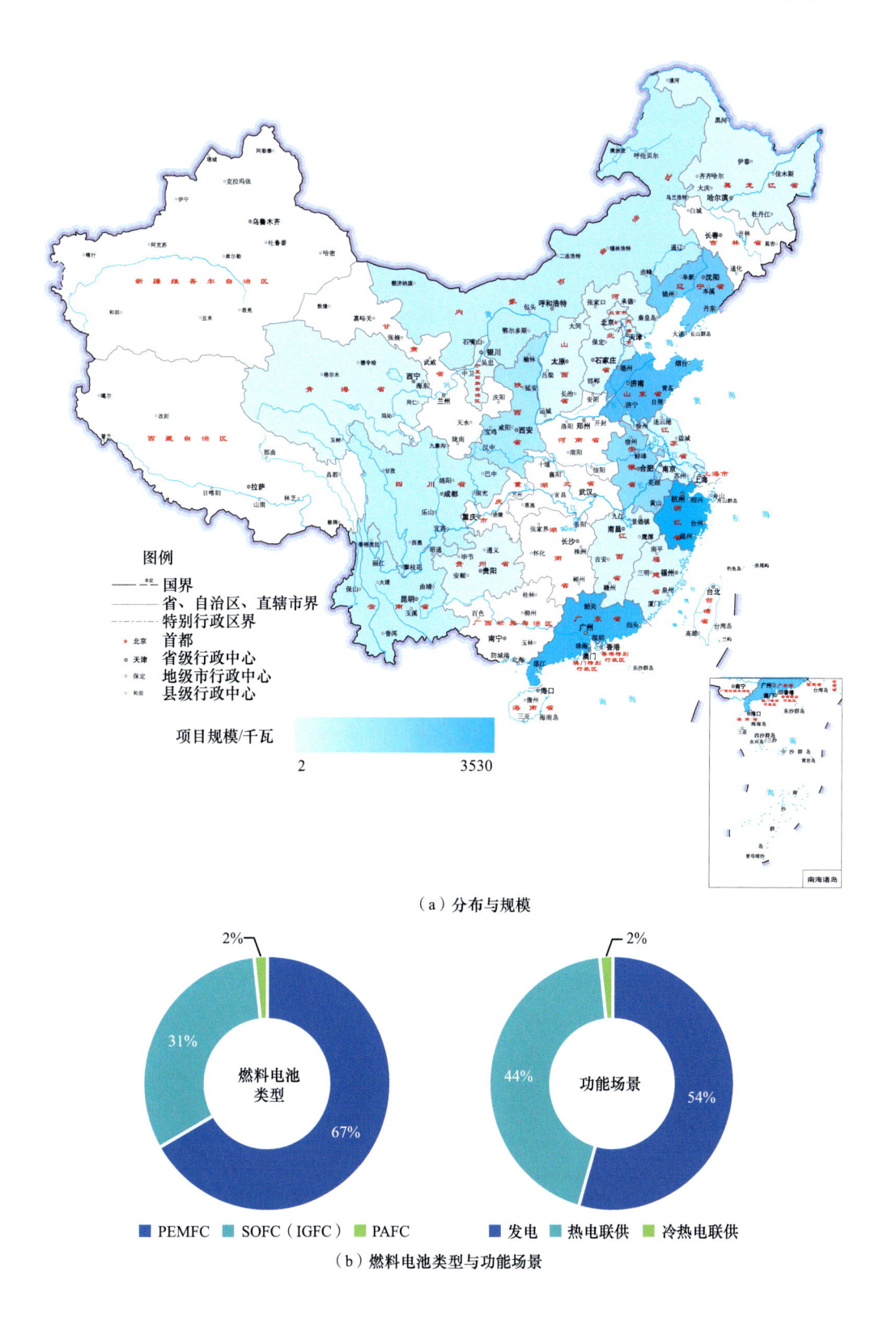

(a) 分布与规模

(b) 燃料电池类型与功能场景

序号	项目地点	功能场景	项目规模/千瓦	燃料电池类型
1	辽宁营口	发电	2,000	PEMFC
2	四川泸定	冷热电联供	100	PEMFC
3	广东佛山	热电联供	1,760	PAFC

(c) 典型项目

图 20　中国燃料电池发电与热电联产项目

数据来源：中国氢能联盟研究院统计

（三）氢能贸易

据相关机构预测，到 2050 年，若想实现净零排放，全球需要 6.6 亿吨氢气（图 21）。氢能供需两侧的不匹配需要通过氢能贸易实现氢能全球交易流通。从现在起到 2050 年，全球将有 4 亿吨可再生氢和低碳氢及其衍生物进行远距离运输。截至 2022 年底，全球已有约 60 个国际氢能贸易项目宣布，涉及氢能 270 万吨/年，其中一半正在进行可行性研究，典型项目如表 9 所示。

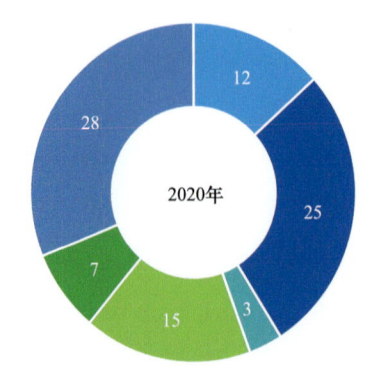

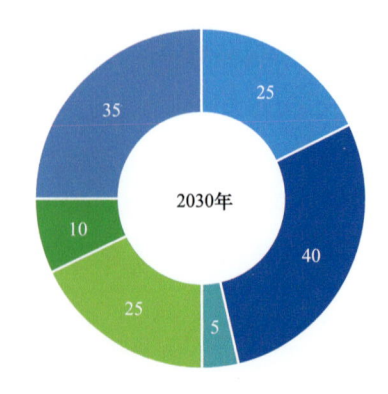

2020年: 12, 25, 3, 15, 7, 28

2030年: 25, 40, 5, 25, 10, 35

二　生产消费

图 21　全球氢及衍生物分区域需求（单位：百万吨/年）

数据来源：国际氢能委员会、中国氢能联盟研究院

表 9　典型国际氢能贸易项目

项目名称	出口国（地区）	进口国（地区）	运输量	氢气运输方式	年份
氢能供应链项目	澳大利亚	日本	225,540 吨/年	液氢	2030
蓝氢和蓝氨项目	沙特	韩国	待定	LPG，蓝氨	待定
南部大区绿氢项目	摩洛哥	欧洲	1,400,000 吨/年	绿氨	待定
Neom 绿色氢基氨项目	沙特	待定	650 吨/天	绿氨	2025

三 产业动态

三　产业动态

（一）技术创新

中国氢能产业科研攻关在近年取得重大突破，氢能制备储运、燃料电池系统集成、加氢设施等主要技术和生产工艺不断进步，多项关键技术及装备实现自主化，已基本构建了较为完善的氢能产业链。但在部分核心环节国际竞争力仍显不足，"卡脖子"风险转向原材料和基础工艺（图22）。

美国将氢能视为重要战略技术储备。在制氢、运氢方面有较好的技术积累和工程经验，建有全球最大的氢能管网，在液氢储运方面基础最为雄厚。在叉车、分布式燃料电池发电等细分应用领域以及质子交换膜、碳纤维等基础材料方面处于世界领先地位。日本在氢能各环节技术、材料、设备等方面都处于世界前列，受制氢资源限制，前瞻布局低温液氢、有机液体储氢、氨等储运技术以支持商业化国际氢贸易。韩国在氢能应用方面进步较为迅速。在燃料电池汽车、分布式发电领域拥有世界级头部企业。欧洲在氢能制储运方面处于领先水平，可再生能源电解水制氢是核心关注点。俄罗斯、法国对核能制氢领域展开技术攻关，重点国家和区域氢能产业主要企业如表10所示。

针对氢能55项细分技术方向，涵盖氢能制取、氢能储运、氢气加注、燃料电池、前沿交叉、氢安全及品质管控六大技术部分，中国有2项技术处于领跑阶段，有19项技术处于并跑阶段，34项处于跟跑阶段。领跑技术平均领先2~3年，其他技术平均落后3~4年。处于并跑与跟跑阶段的53项细分技术中，有33项细分技术差距缩小，以车载三型瓶、燃料电池系统、空压机、双极板为代表的5项技术快速缩小（图23）。

图 22 氢能产业链技术装备图谱

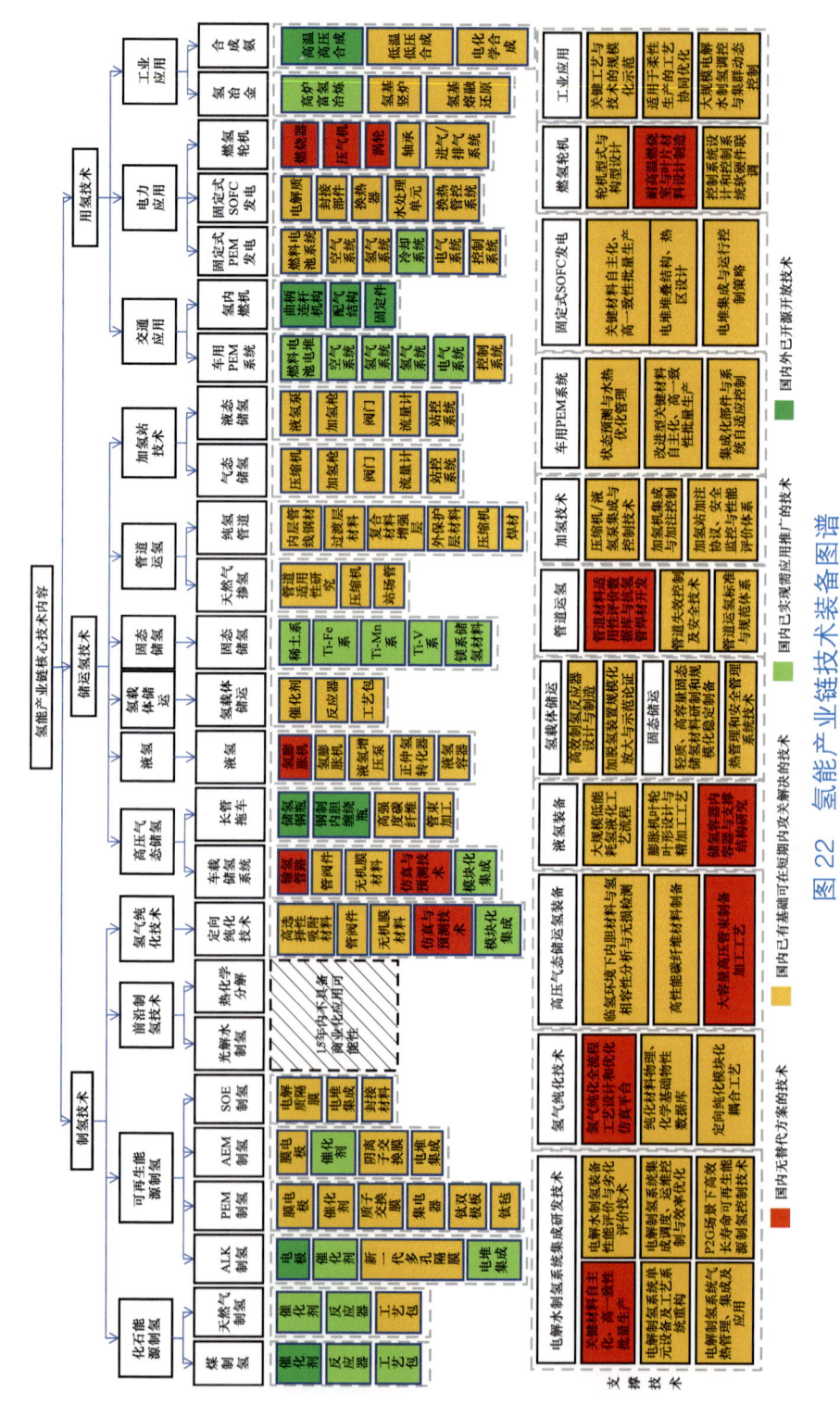

数据来源：中国氢能联盟研究院统计

三　产业动态

表 10　重点国家和地区氢能产业主要企业

项目		国内企业	国际企业
制氢	燃料重整	国家能源投资集团有限责任公司 中国石油化工股份有限公司 中国石油天然气集团有限公司	日本岩谷产业株式会社 德国林德集团 法国液化空气集团
	电解水	中国船舶集团有限公司 国家电力投资集团有限公司 无锡隆基氢能科技有限公司 山东赛克赛斯氢能源有限公司	美国康明斯公司 英国 ITM Power 公司 德国西门子股份公司 挪威 NEL 公司 德国蒂森克虏伯股份公司
储运	气态储运	中材科技（苏州）有限公司 浙江蓝能氢能科技股份有限公司 中集安瑞科控股有限公司	美国空气产品公司 德国林德集团 法国液化空气集团
	液氢储运	中国航天科技集团有限公司 张家港中集圣达因低温装备有限公司 北京中科富海低温科技有限公司	德国林德集团 美国空气产品公司 日本川崎重工业株式会社
	固态储运	中国有研科技集团有限公司 氢储（上海）能源科技有限公司 江苏集萃安泰创明先进能源材料研究院有限公司	法国 McPhy 公司
	有机液体	中国化学工程股份有限公司 武汉氢阳能源有限公司 中氢源安（北京）科技有限公司	日本千代田化工建设株式会社 德国 Hydrogenious Technologies 公司
	加氢站	国家能源投资集团有限责任公司 中国石油化工股份有限公司 上海舜华新能源系统有限公司	德国 H2 Mobility 美国 True Zero 公司
应用	交通运输	北京亿华通科技股份有限公司 国鸿氢能科技（嘉兴）股份有限公司 上海捷氢科技股份有限公司 上海重塑能源集团有限公司	加拿大巴拉德动力系统公司 日本丰田汽车公司 韩国现代汽车公司
应用	热电联供	国家能源投资集团有限责任公司 潍柴动力股份有限公司 潮州三环（集团）股份有限公司	美国布鲁姆能源公司 英国锡里斯动力控股有限公司 韩国斗山创新株式会社
	工业应用	中国宝武钢铁集团有限公司 河钢集团有限公司 鞍钢集团有限公司	瑞典 SSAB 公司 日本神户制钢所 美国 MIDREX 公司

数据来源：中国氢能联盟研究院统计

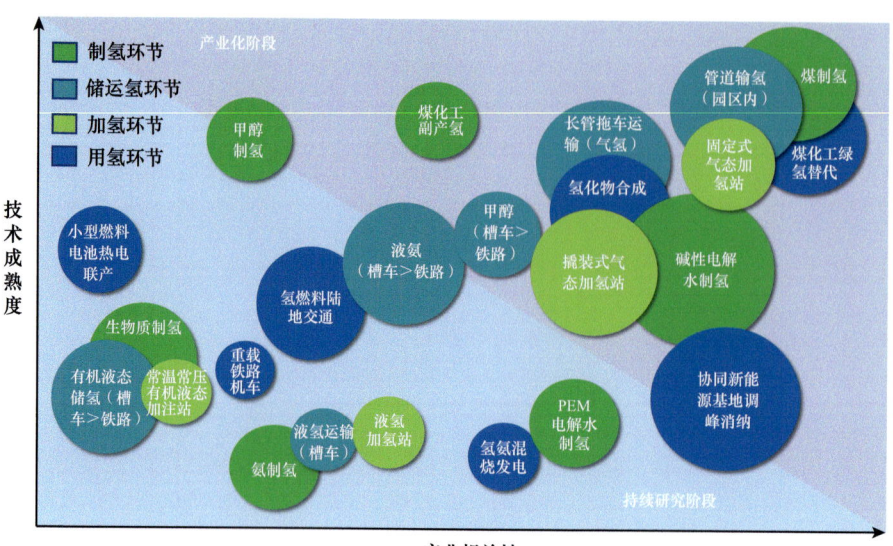

图 23　氢能技术的技术成熟度与技术水平

数据来源：中国氢能联盟研究院统计

为推动氢能技术创新和标准治理协同，保障氢能行业健康发展，相关机构正在积极推进工作。中国氢能联盟研究院实施氢能领跑者行动，针对水电解制氢系统、加氢站、燃料电池系统的性能评价和氢气品质等方向，已牵头立项和发布行业标准、团体标准10余项。

面对氢能产业发展专业人才紧缺的短板，华北电力大学增设"氢能科学与工程"专业，并实现首批新生入学。中欧氢能技术创新中心在中国氢能联盟和联合国开发计划署指导下，积极开展氢能职业人才培养计划，促进教育、人才、产业的有效协同。

氢能制、储、输、用全产业链涉及众多关键材料。制氢涉及炉管、吸附剂、电极、催化剂等关键材料。储、输氢涉及内胆、载体、管材等关键材料。应用环节燃料电池涉及循环泵、质量流量计、软管、膜电极、双极板、密封圈等关键材料（图24）。

三 产业动态

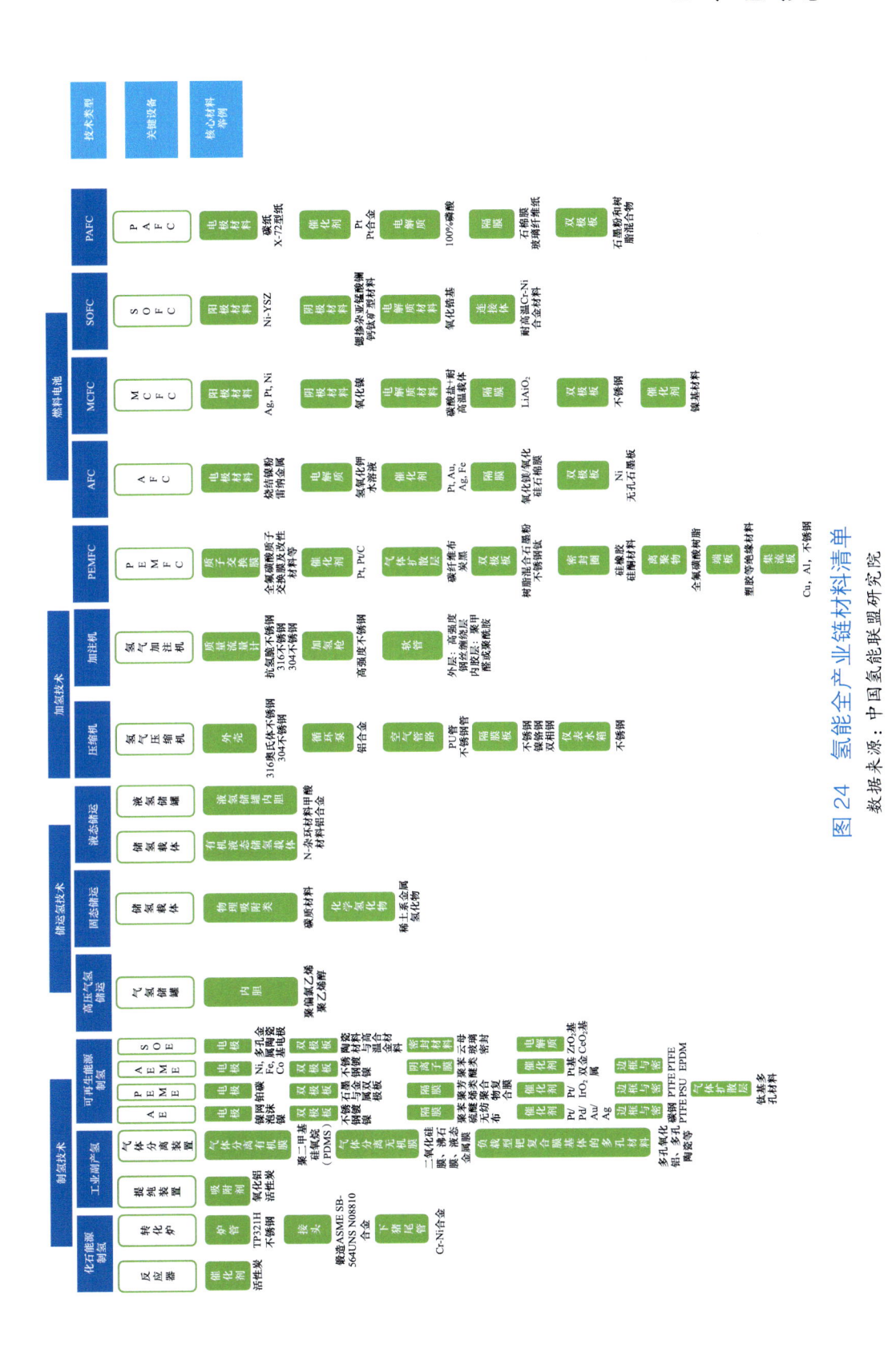

图 24 氢能全产业链材料清单

数据来源：中国氢能联盟研究院

（二）基础设施

截至 2022 年底，全球共有 829 座在营加氢站。东亚地区在营加氢站 577 座，自 2018 年以来连续三年位居全球首位。欧洲加氢站建设速度减缓，在营加氢站 176 座。北美新增加氢站仍以液氢加氢站为主，在营加氢站 60 座（图 25）。

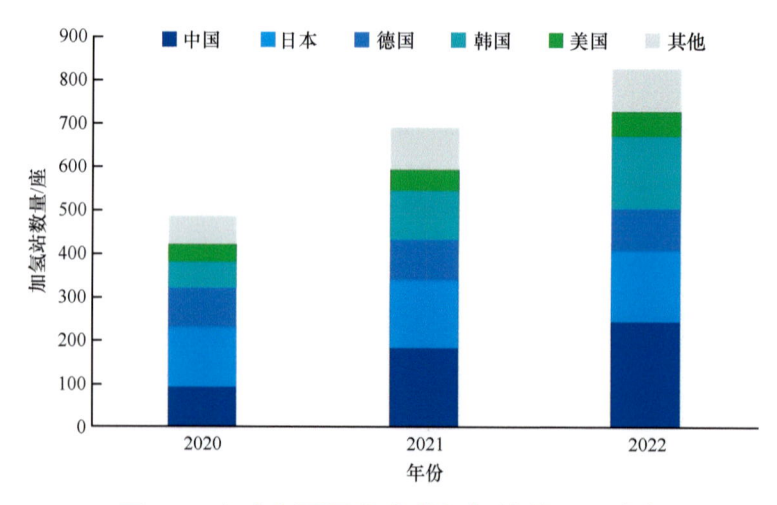

图 25　全球主要国家在营加氢站数量及分布

数据来源：中国氢能联盟研究院统计

截至 2022 年底，我国累计建成加氢站 358 座，绝对数量全球第一；新建成加氢站 109 座，增量全球第一；在营加氢站 245 座，位居全球第一（图 26）。加氢站技术路线呈多元发展（表 11）。国内制氢能力分布不均，车用氢提纯企业相对较少，氢气运输以 20 兆帕长管拖车为主，导致车用高纯氢来源有限且价格昂贵。即使加氢站建设运营成功，能有效加氢的燃

三 产业动态

料电池汽车数量及频率有限，供氢应用场景有限，部分地区加氢站氢气销售价格与到站价格存在倒挂现象，难以维持加氢站正常运营管理。

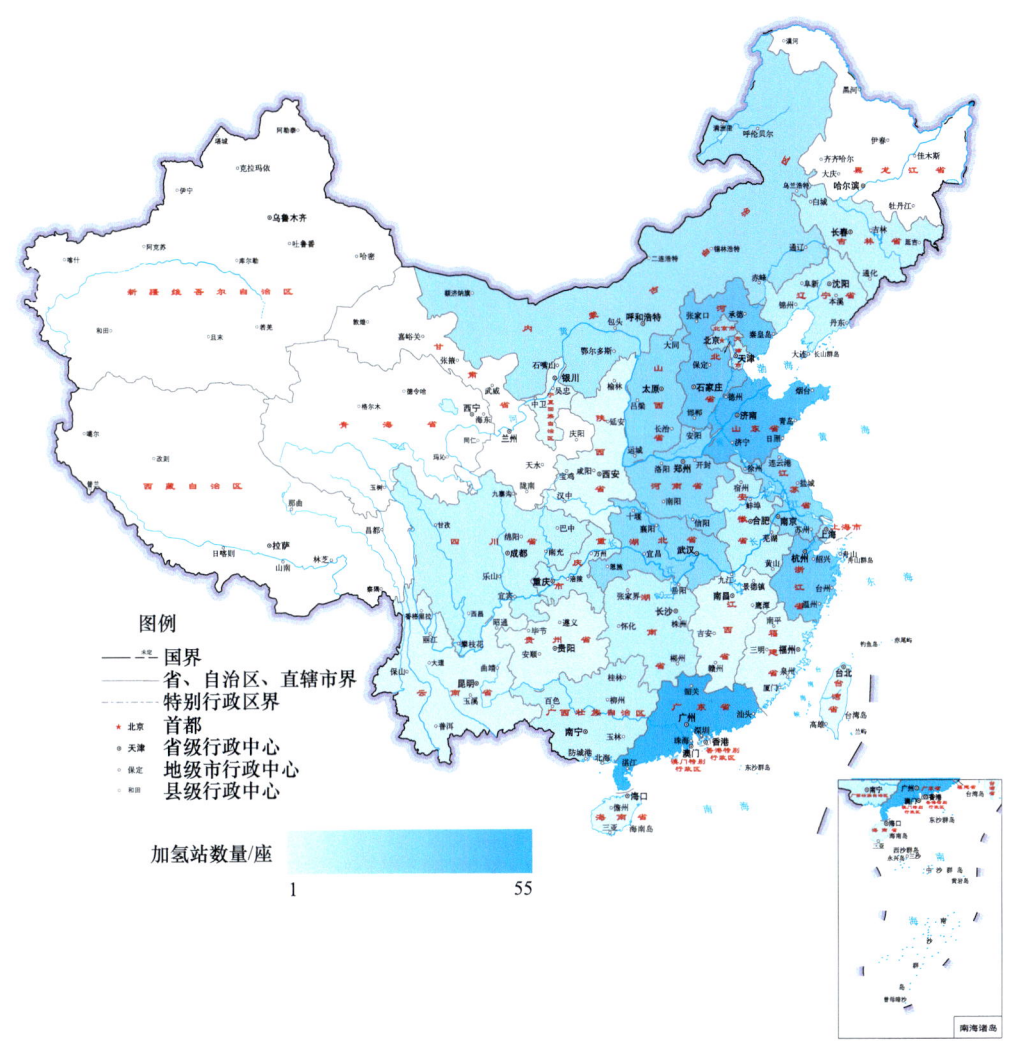

图 26 中国建成加氢站情况

数据来源：中国氢能联盟研究院统计

表 11 新型加氢站技术路线

序号	加氢站名称	所在地	介绍
1	南庄制氢加氢加气一体化站	广东佛山	同时具备天然气制氢和电解水制氢能力
2	液态阳光加氢站	河北张家口	甲醇重整制氢加氢一体站
3	樱花液氢油电综合供能服务站	浙江平湖	液氢油电综合供能服务站

续表

序号	加氢站名称	所在地	介绍
4	兴城加氢站	辽宁兴城	低压合金储氢加氢站
5	垃圾超临界燃烧制氢加氢站	上海	常温常压有机液体储氢加注一体化装置
6	长乐航城撬装加氢站	福建福州	氨现场制氢加氢一体站示范项目

数据来源：中国氢能联盟研究院统计

我国在营加氢站中，固定站共148座，占比60.41%；压力等级以35兆帕为主，占比87%；供给能力集中在500千克/天至1,000千克/天，占比76%（图27）。

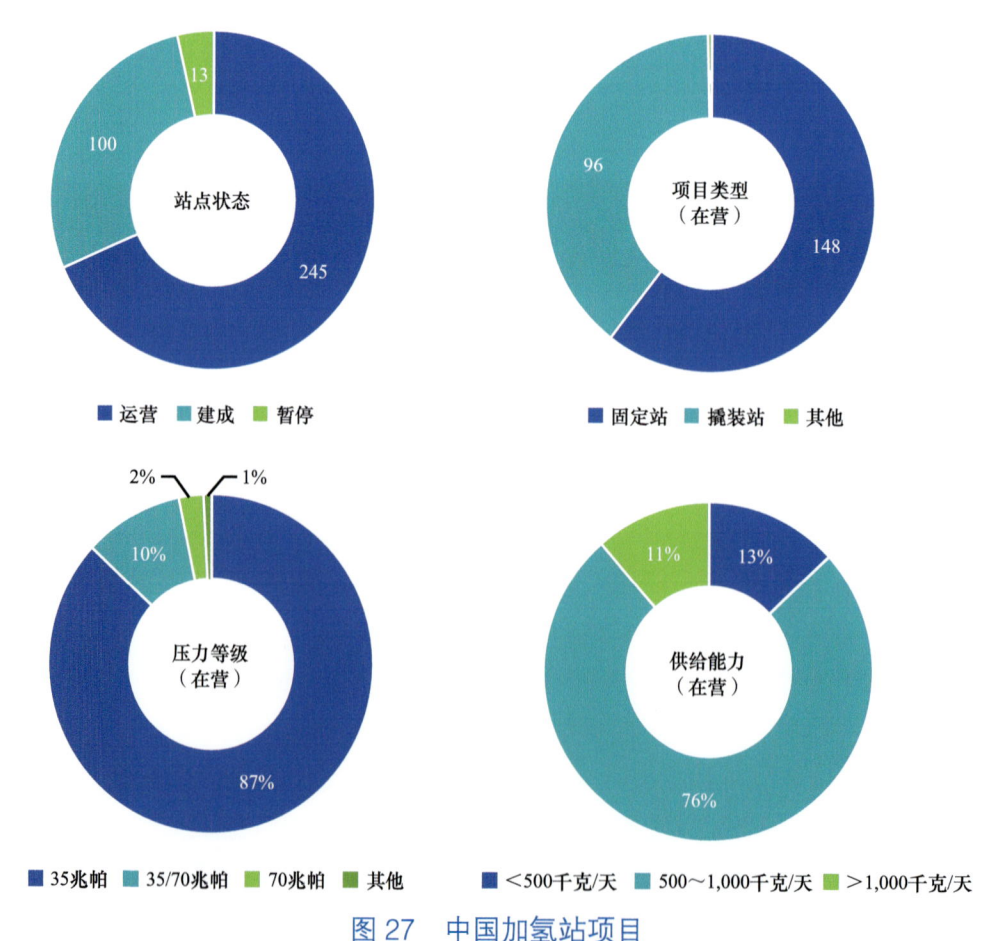

图 27 中国加氢站项目

数据来源：中国氢能联盟研究院统计

（三）市场主体

近年来，中国氢能行业参与者多元化，央企、跨国企业、上市企业、民营企业纷纷发力，能源、化工、车辆等领域大型企业纷纷布局氢能产业，氢能相关企业注册量不断上升。据中国氢能联盟研究院统计，截至2022年底，我国氢能相关企业和机构已有2,700家。

据中国氢能联盟研究院统计，国务院国资委监管的98家央企中，已开展氢能相关业务或布局的达到48家，数量占央企总数的49%，涉及业务覆盖氢气制取、基础设施建设、燃料电池应用等全产业链各个环节，以及装备制造、工程建设、检测认证和金融服务等产业支撑领域（图28）。

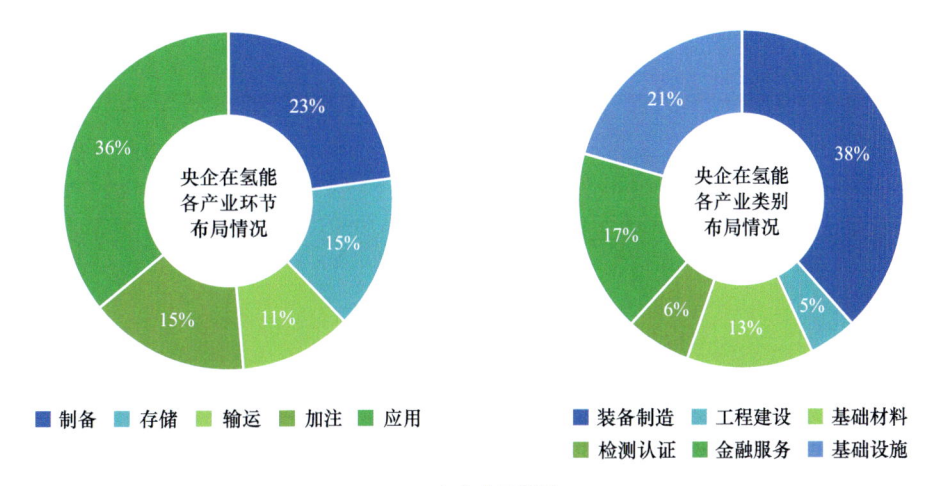

央企在氢能各产业环节布局情况：制备 23%、存储 15%、输运 15%、加注 11%、应用 36%

央企在氢能各产业类别布局情况：装备制造 38%、工程建设 5%、基础材料 13%、检测认证 6%、金融服务 17%、基础设施 21%

（a）布局情况

领域		项目地点	进展
制氢	化石能源制氢	广东茂名	中国石化广州石化 1,500 吨/年氢燃料电池供氢中心一期项目投产，所产氢气纯度达 99.999%，成为中国石化集团公司首家商业化允许的氢燃料电池供氢中心
	电解水制氢	河北邯郸	中船（邯郸）派瑞氢能科技有限公司自主研发 2,000 标方/小时碱性水电解制氢设备下线，同时具备 10%~120% 的动态调节能力
		吉林长春	国家电投长春氢能产研基地 100 兆瓦级 PEM 制氢设备中试产线项目落地吉林长春，拟建设年产 100 兆瓦电解制氢设备中试生产线，开展 2 兆瓦级 PEM 制氢电解系统的研发与制造
储运	高压气氢	江苏苏州	中国建材集团旗下全资子公司中材科技（苏州）有限公司Ⅳ型 70 兆帕储氢气瓶产线投产，设计年产量可达 3 万支，生产线采用自动化柔性设计，多款Ⅳ型储氢瓶产品完成取证
	固态储氢	北京	有研工程技术研究院有限公司具备年产 2 万立方米以高性能储氢材料为储氢介质的储氢装置的生产能力，并持续拓展固态储氢应用场景，在加氢站领域持续发力
	有机液体储氢	四川广汉	由中国华电集团有限公司和中国东方电气集团有限公司合作研发的有机液态储运氢试验装置于四川广汉顺利通过验收
	液氢储运	北京	北京航天试验技术研究所液氢年产量以 30% 的增长幅度再创历史新高，圆满完成了高密度火箭发动机型号试验任务保障工作
应用	加氢站	内蒙古鄂尔多斯	由国家能源集团国华投资蒙西公司建设的重载铁路加氢站科研示范项目在内蒙古鄂尔多斯顺利完工，这标志着我国首个重载铁路加氢科研示范站正式建成，具备加氢条件
	燃料电池汽车	湖南株洲	中车时代电动汽车股份有限公司开发了大功率的 DC/DC 变流器，完成了 120 千瓦燃料电池空压机的样机试制
	燃料电池发电	内蒙古乌兰察布	由中国长江三峡集团有限公司建设的乌兰察布"源网荷储"氢能综合示范项目使用中国东方电气集团有限公司氢燃料电池发电系统作为可再生氢规模化生产和应用的技术研发验证平台
		宁夏银川	作为国家重点研发计划项目"二氧化碳近零排放煤气化发电技术"，由国家能源集团低碳院建设的国内首套 100 千瓦级整体煤气化燃料电池发电（IGFC）试验示范系统通过考核

三 产业动态

续表

领域	项目地点	进展
应用	纯氢燃机	湖北荆门	掺氢燃气轮机在湖北荆门成功实现30%掺氢燃烧改造并已完成可靠性验证，改造后的机组将具备0~30%掺氢运行条件下自由切换的灵活性
	氢冶金	新疆乌鲁木齐	新疆乌鲁木齐项目建成首座400立方米级的低碳冶金高炉，富氢碳循环氧气高炉关键技术指标已实现碳减排21%的阶段性目标
	煤掺氨燃烧	山东烟台	国家能源集团自主开发的第一代混氨低氮煤粉燃烧器在国家能源集团所属烟台龙源电力技术股份有限公司40兆瓦燃烧试验平台上进行了全尺度混氨燃烧试验，氨燃尽率99.99%，混氨燃烧比例最高达到35%，同时实现氮氧化物有效控制

(b) 典型进展

图 28　央企氢能产业布局

数据来源：中国氢能联盟研究院统计

截至2022年底，全球已有近90家跨国企业在华布局氢能业务，涉足产品及设备供应、股权投资、工厂及产线设立、检测服务等。从国家看，德国与日本在华布局氢能产业的企业最多，达16家；其次为美国，达13家。从布局（部分企业有多个布局方向）看，跨国企业在华主要聚焦应用领域，占比50%；其次为制备领域，占比17%（图29）。

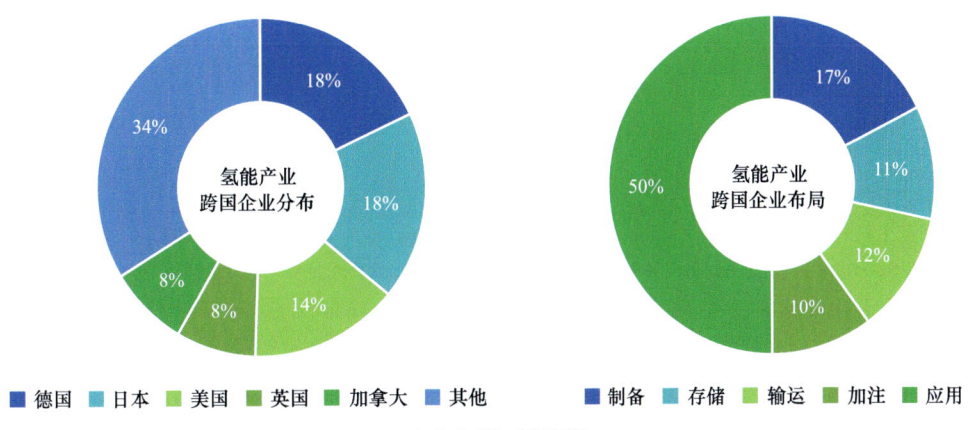

氢能产业跨国企业分布：德国18%，日本18%，美国14%，英国8%，加拿大8%，其他34%

氢能产业跨国企业布局：制备17%，存储11%，输运12%，加注10%，应用50%

(a) 分布与布局情况

领域		项目地点	进展
制氢	化石能源制氢	上海	上海企业采用跨国企业技术，建设一套高纯氢产量为6,000标准立方米/小时的制氢站
	电解水制氢	广东佛山	北京企业与国际企业在广东佛山成立合资公司，一期年产500兆瓦质子交换膜电解水制氢设备，将于2023年建成
储氢	高压气氢	河北石家庄	河北石家庄企业签署成立合资公司协议，计划建立年产能约10万个的储氢瓶生产线
	液氢	浙江嘉兴	浙江嘉兴氢能源基地项目开工，具备日产30吨液氢能力
应用	加氢站	辽宁大连	辽宁大连企业首台离子压缩机设备下线并交付韩国
	燃料电池汽车	上海	膜电极项目在上海投入运营，拥有每年生产400万片膜电极生产能力
	燃料电池发电	广东佛山	相关企业在广东佛山成立合资公司，主要开展燃料电池热电联产设备的市场化推广以及后市场服务，进行燃料电池热电联产设备的本土生产，预计一期年产能60兆瓦

(b) 典型项目进展

图 29　跨国企业氢能产业布局

数据来源：中国氢能联盟研究院统计

国内氢能企业纷纷走出国门，或与外资牵手合作，有利于我国氢能产业加速走向高质量发展（部分案例如表12所示）。

表 12　国内部分企业国际合作探索

领域		项目地点	进展
制氢	化石能源制氢	四川成都	四川成都企业生产的200千克/天一体化天然气制氢站进入美国市场，制取每标方氢气，天然气消耗低于0.45标方
储运	高压气氢	河北石家庄	河北石家庄企业生产的30兆帕船用大容积碳纤维缠绕储氢瓶交付欧洲客户
应用	加氢站	河北邯郸	河北邯郸企业生产的包含制氢、纯化和公用工程加氢设备的成套设备出口德国
	燃料电池汽车	广东云浮	广东云浮企业生产的自主研发和制造的氢燃料电池汽车在马来西亚投入使用
	燃料电池发电	江苏张家港	江苏张家港企业生产的5千瓦氢燃料电池热电联产系统出口欧洲

数据来源：中国氢能联盟研究院统计

三 产业动态

截至2022年底，中国开展业务或布局的上市公司近200家，总市值超5万亿元。从分布看，华东拥有涉氢上市公司数量最多，占比43%；其次为华北地区，占比17%。从布局看（部分公司有多个布局方向），涉氢上市公司主要布局方向为应用领域，占比48%；其次为制备，占比31%（图30）。

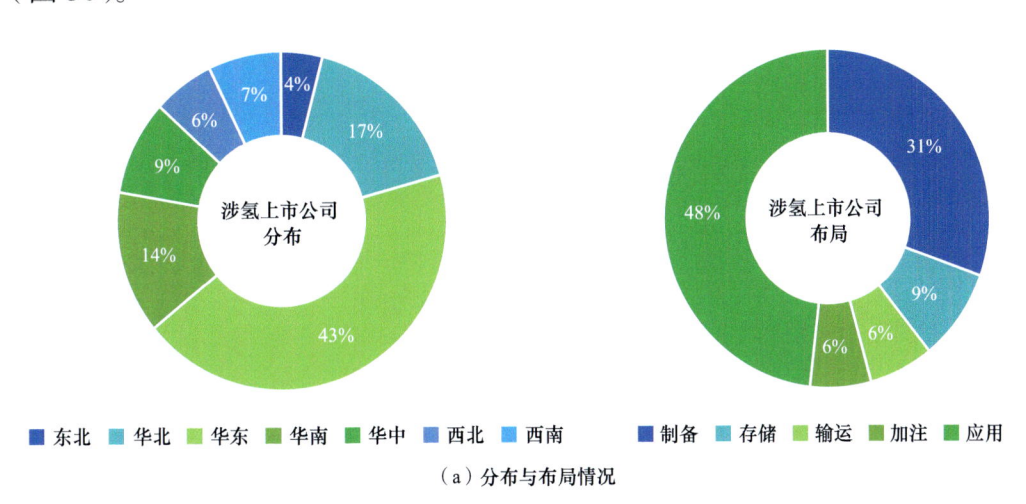

涉氢上市公司分布：东北 4%、华北 17%、华东 43%、华南 14%、华中 9%、西北 6%、西南 7%

涉氢上市公司布局：制备 31%、存储 9%、输运 6%、加注 6%、应用 48%

（a）分布与布局情况

领域		项目进展	进展
制氢	化石能源制氢	江苏张家港	江苏张家港企业煤制氢年产能20万吨，主要后续生产化学品，也可外供
	电解水制氢	上海	上海企业下线1,500标方/时碱性电解槽与50标方/时质子交换膜电解槽
储运	高压气氢	北京	北京企业推出新一代车载储氢瓶产品—Ⅳ型瓶390L-8瓶组系统，应用于49吨重卡时，续航里程可达600千米以上
应用	加氢站	浙江金华	浙江金华企业与上海企业合资设立新能源装备公司，开发油、氢、电综合能源站核心装备，用于配套建设综合能源站核心装备及系统生产项目
	燃料电池汽车	北京	北京企业已形成以自主氢燃料电池发动机为核心，包括双极板、电堆、整车控制器、智能DC/DC、氢系统、测试设备、燃料电池实验室全套解决方案等在内的纵向一体化产品与服务体系

（b）典型项目进展

图30 涉氢上市公司氢能产业布局

数据来源：中国氢能联盟研究院统计

广阔的市场空间拉动企业和金融机构投融资的积极性，投融资规模与数量逐年上升。中国氢能联盟研究院共统计到2014—2022年间100余家企业累计发起的264起投融资事件（图31）。投融资规模和频数基本呈现逐年上升的趋势（2018年投融资均未披露数据）。从轮次看，中国氢能产业尚处于早期孵化阶段。近五年，相关企业发起217起投融资，投融资大多位于Pre-C轮以前阶段，占比58.1%，其中2022年Pre-C轮以前阶段占比72.9%（图32）。从领域看，中国氢能产业投融资方向由燃料电池为主逐步趋于多元化，但在氢能储运、加氢等领域投资占比较小（图33）。

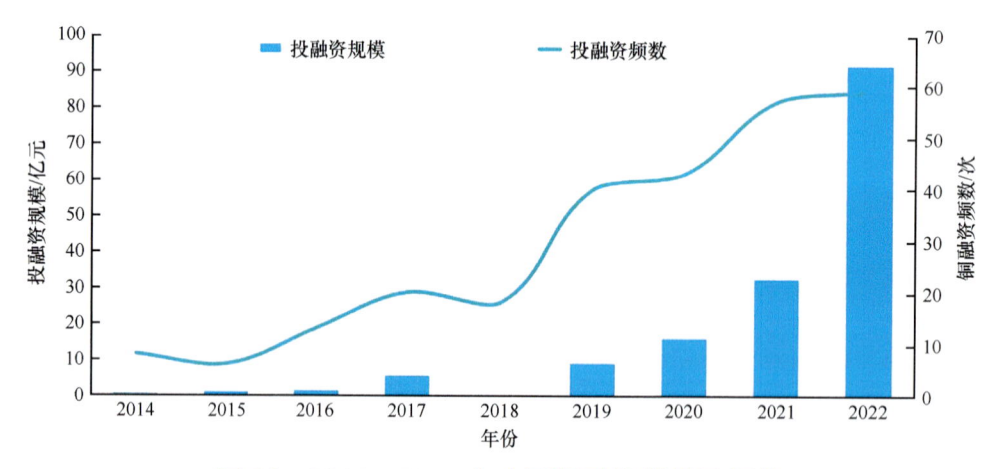

图 31　2014—2022年中国投融资规模及频数

数据来源：中国氢能联盟研究院统计；2018年投融资规模数据未披露

三 产业动态

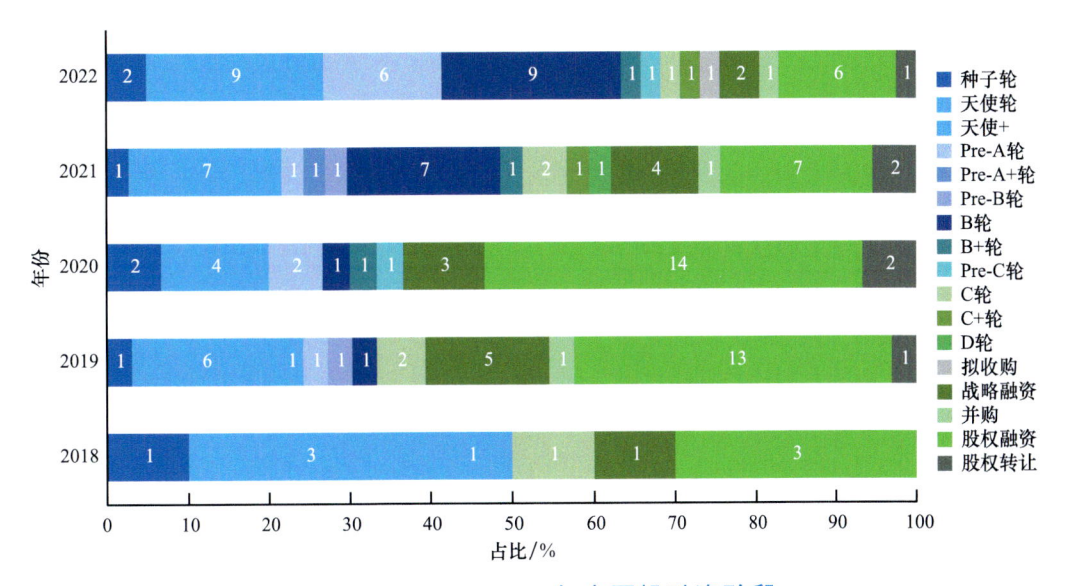

图32 2018—2022年中国投融资阶段

数据来源：中国氢能联盟研究院统计

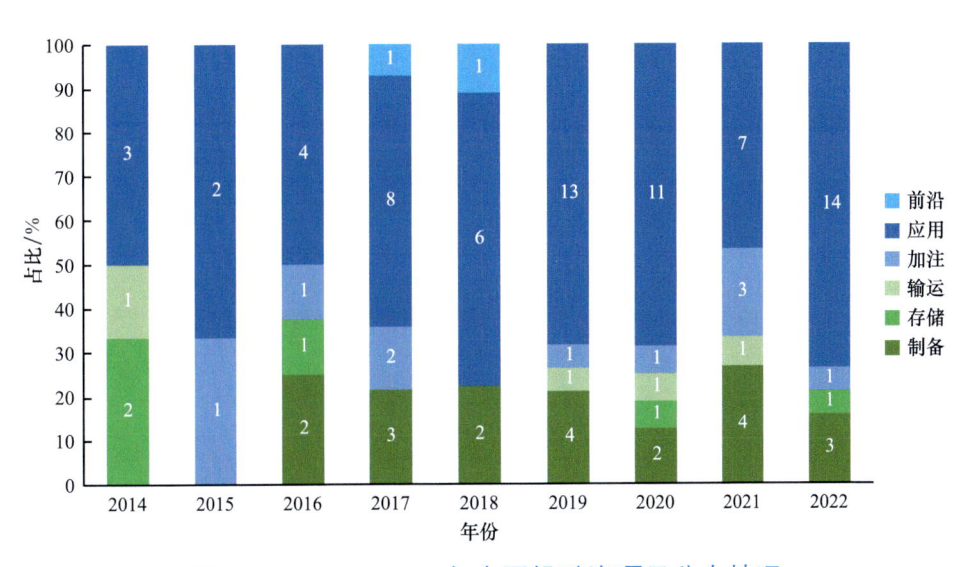

图33 2014—2022年中国投融资项目分布情况

数据来源：中国氢能联盟研究院统计

2022年7月，中国首届氢能专精特新创业大赛启动，17个地市氢能产业园区、13家区域氢能组织深度参与，由多位院士领衔共计26位技术专家、30家投资机构代表参与评审。累计200余个项目，123家企业报名。

四 区域发展

四 区域发展

我国各地方政府依托政策、资源、资本和技术装备优势，已初步形成三种氢能产业发展集群。可再生氢大基地集群充分发挥自身可再生资源优势，通过"风光水氢"等多能互补模式制备可再生氢，以低成本制氢为先导方向，"自上而下"引导全产业链布局建设。终端应用示范集群依托扶持政策、产业基础和应用场景等优势，以拓展交通、化工、建筑、能源等丰富应用场景为抓手，"自下而上"构建良好的氢能发展产业生态。技术装备创新集群依托资本、人才和技术等创新要素集聚优势，以全产业链技术装备研发突破为重点，建立健全产业技术装备体系，支撑供应链与示范应用，提升建设水平。北京、上海、广东、河北、河南正式成为中国首批燃料电池汽车示范城市群，以燃料电池汽车示范应用为牵引，逐步实现关键核心技术突破，构建完整产业链（图34）。

（一）可再生氢大基地集群

内蒙古以风光制氢一体化示范项目为核心，联动全域规模化示范应用与产业链装备制造，打造以鄂尔多斯为核心的鄂呼包乌氢能产业先行示范区（图35）。

宁夏以绿氢替代煤制氢耦合煤化工为重要抓手，推动以宁东基地为核心的制储运加用全链条示范项目建设，探索打造装备检测与中试基地（图36）。

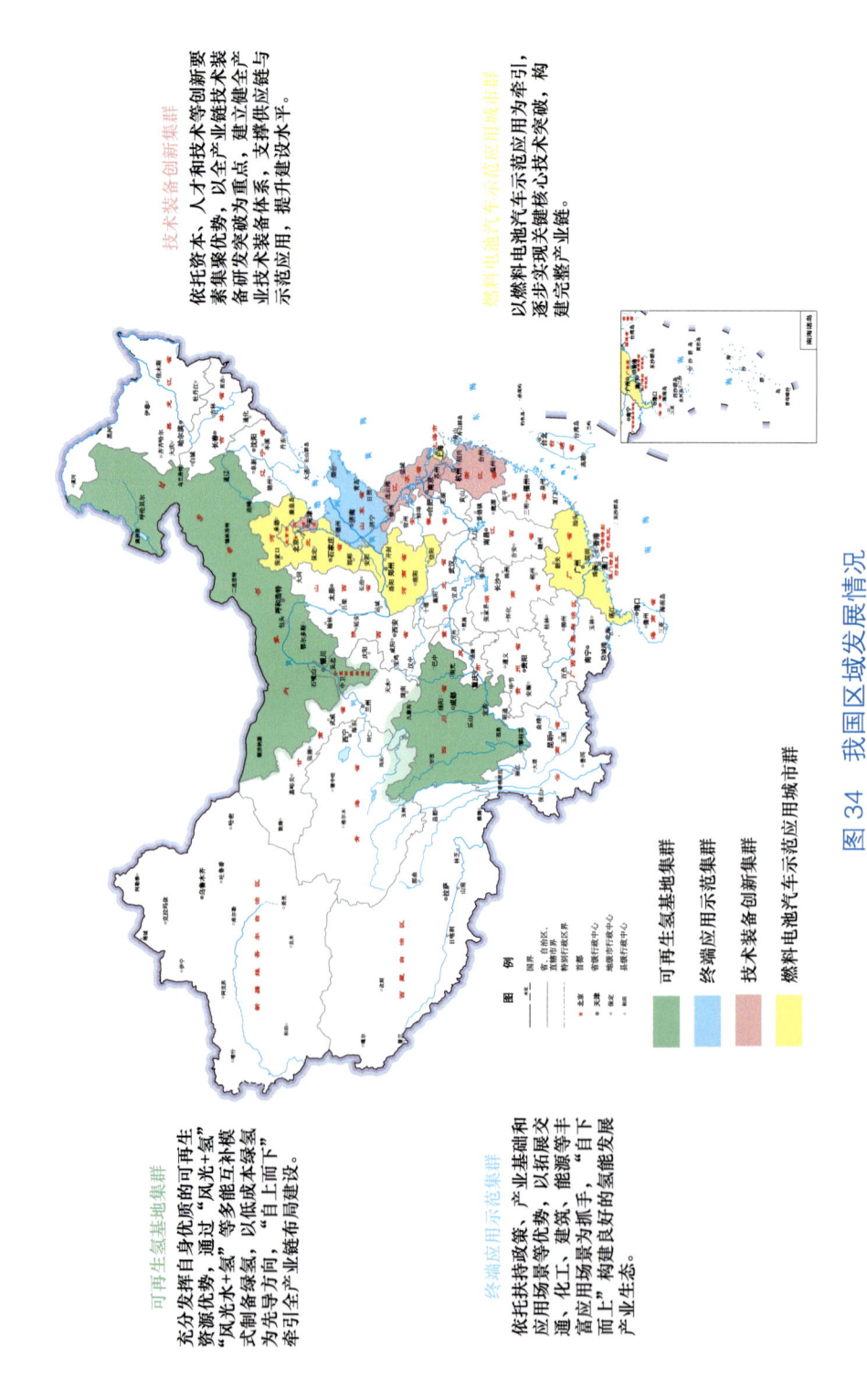

2022 中国氢能源及燃料电池产业数据手册

技术装备创新集群

依托资本、人才和技术等创新要素集聚优势，以全产业链技术装备研发突破为重点，建立健全产业技术装备体系，支撑供应链与示范应用，提升建设水平。

燃料电池汽车示范应用城市群

以燃料电池汽车示范应用为牵引，逐步实现关键核心技术突破，构建完整产业链。

可再生氢基地集群

充分发挥自身资源优势的可再生资源优势，通过"风光水+氢"等多能互补模式制备绿氢，以低成本绿氢为先导方向，"自上而下"牵引全产业链布局建设。

终端应用示范集群

依托扶持政策、产业基础和应用场景等优势，以拓展交通、化工、建筑、能源等丰富应用场景为抓手，"自下而上"构建良好的氢能发展产业生态。

图 34 我国区域发展情况

数据来源：中国氢能联盟研究院统计

图例：
- 可再生氢基地集群
- 终端应用示范集群
- 技术装备创新集群
- 燃料电池汽车示范应用城市群

四 区域发展

建设/规划可再生氢项目
- 达茂旗20万千瓦新能源制氢工程示范项目
- 风光制氢与绿色灵活一体化项目
- 500兆瓦氢能产业与可再生能源一体化项目
- 达茂旗风光制氢绿色化工一体化项目
- 白云鄂博矿区14兆瓦分散式风电及氢能一体化项目

热电联供
- 高能量密度稀土储氢材料及其可再生能源储能转换技术示范工程

氢能炼钢
- 氢基熔融还原法高纯氢铸生铁项目

建成/运行可再生氢项目
- 达拉特光储氢车零碳生态链示范项目
- 上海庙经济开发区光伏制氢示范项目
- 250兆瓦光伏电站及氢能综合利用示范项目
- 纳日松光伏制绿氢产业化示范项目
- 光融合绿氢化工示范项目
- 杭锦旗伊泰化工20万千瓦风光制氢一体化示范项目
- 鄂托克旗风光制氢一体化合成绿氨示范项目
- 风光制氢一体化示范项目
- 10万吨液态态阳光示范项目

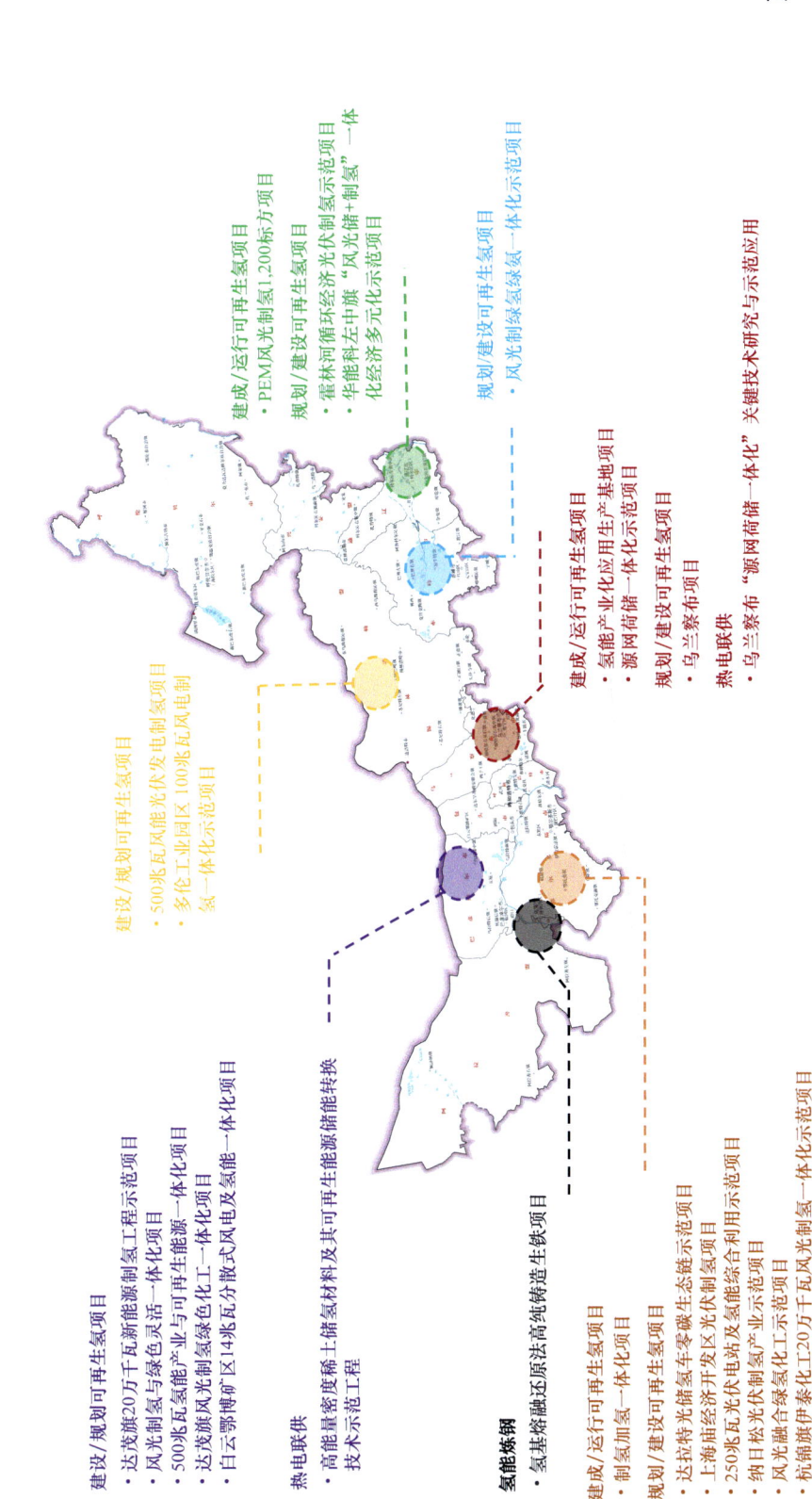

建成/运行可再生氢项目
- PEM风光制氢示范项目
- 建设可再生氢项目
- 建成/运行可再生氢1,200标方项目
- 规划/建设可再生氢项目
- 霍林河循环经济光伏制氢示范项目
- 华能科左中旗"风光储+制氢"一体化经济多元化示范项目

规划/建设可再生氢项目
- 风光制绿氢绿氨一体化示范应用

建成/运行可再生氢项目
- 氢能产业化应用生产基地项目
- 源网荷储一体化示范项目
- 规划/建设可再生氢项目
- 乌兰察布项目
- 乌兰察布"源网荷储一体化"关键技术研究与示范应用

热电联供

图 35 内蒙古氢能项目图
数据来源：中国氢能联盟研究院统计

规划/建设可再生氢项目
- 绿电制绿色化学新材料源网荷储一体化示范项目

规划/建设可再生氢项目
- 中国氢氨谷

建成/运行可再生氢项目
- 太阳能电解制氢储能项目
- 宁东可再生能源制氢项目
- 氢能制储加一体化项目

规划/建设可再生氢项目
- 宁东可再生氢减排示范区
- 20万千瓦光伏+2万标方/时光伏制氢节能降碳示范项目
- 77.5万千瓦光伏+7.2万标方/时可再生能源制氢一体化示范项目
- 50万千瓦光伏+5万标方/时可再生能源制氢示范工程
- 20万千瓦光伏+2万标方/时可再生能源制氢示范项目
- 3.6万千瓦光伏+2400方/时宁东清洁能源制氢项目
- 4.2万千瓦光伏+2000标方/时宁东可再生能源制氢示范项目
- 绿氢耦合煤制油化工示范二期项目
- 可再生能源制氢耦合煤化工示范项目
- 太阳能电解制氢储能及应用示范扩建项目

热电联供
- 国内首套20千瓦级固体氧化物燃料电池发电系统
- 第二代20千瓦级固体氧化物燃料电池发电系统

图36　宁夏氢能项目图

数据来源：中国氢能联盟研究院统计

四川依托自身丰富水电资源，探索建立以水电规模化消纳为基础的氢能产业发展路径（图37）。

四 区域发展

图 37 四川氢能项目图

数据来源：中国氢能联盟研究院统计

热电联供
- 德阳基地氢能源示范园区燃料电池热电联供项目

规划/建设可再生氢项目
- 彭州水电解制氢科技创新示范项目
- 20兆瓦光伏制氢项目
- 10万吨可再生能源电解水制氢合成氨示范工程

建成运行可再生氢项目
- 可再生能源制氢、大规模储能及氢能综合利用技术研究项目

热电联供
- 氢能电站燃料电池冷热电联供项目

67

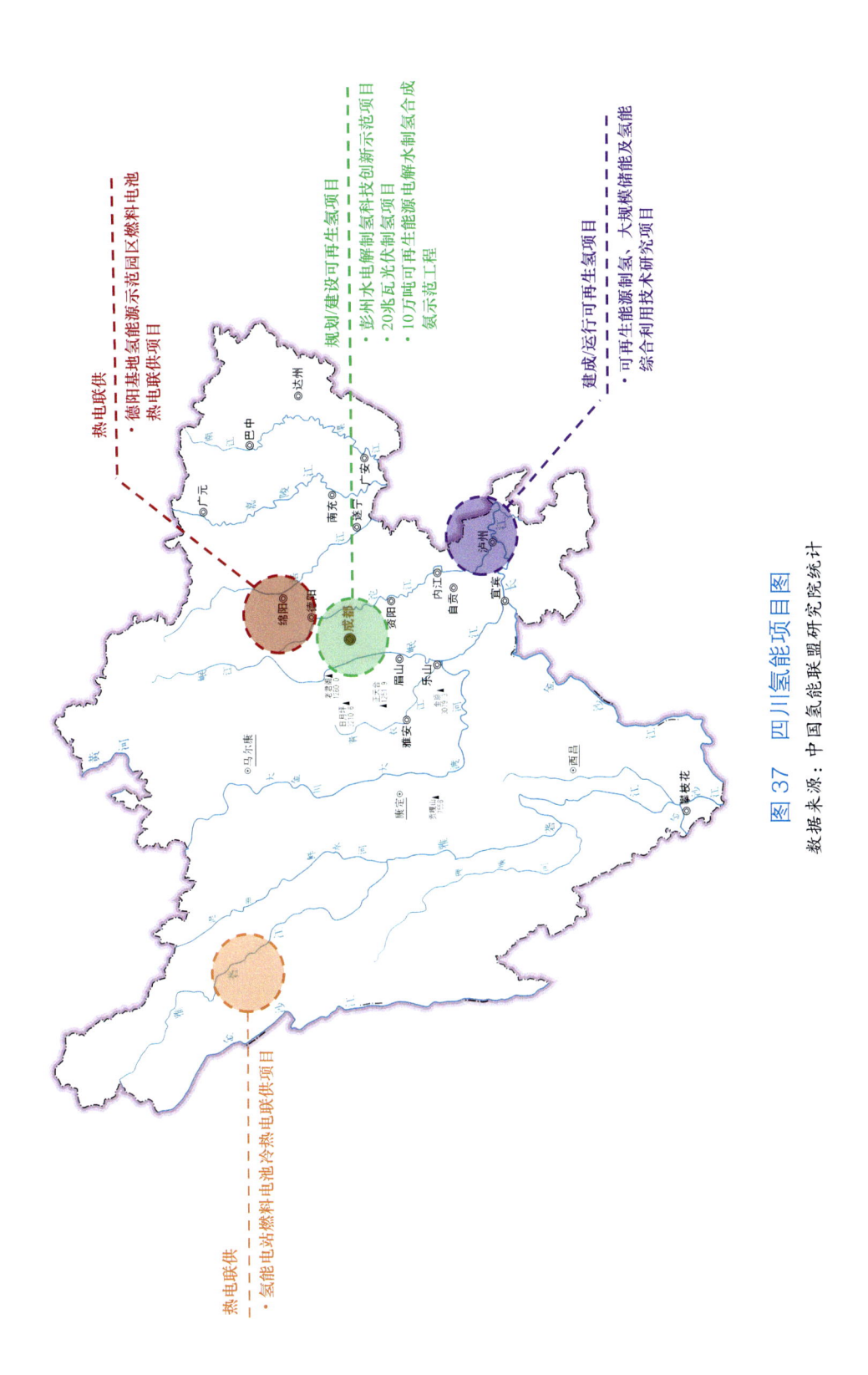

（二）终端应用示范集群

山东与科技部签署协议，共同组织实施"氢进万家"科技示范工程，以终端应用为抓手构建产业发展生态（图38）。

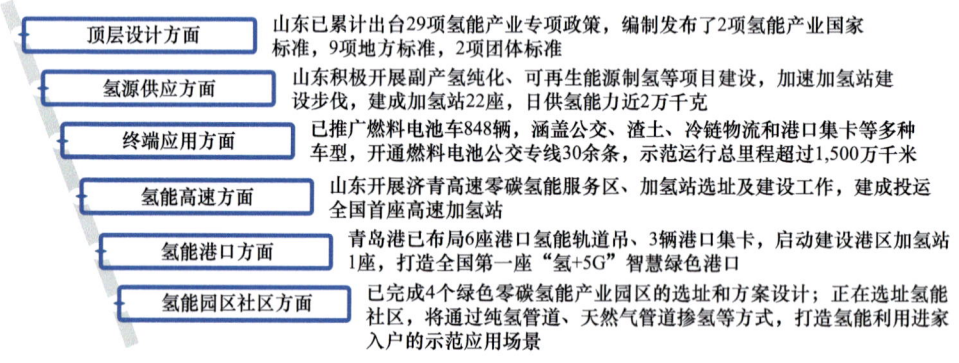

顶层设计方面	山东已累计出台29项氢能产业专项政策，编制发布了2项氢能产业国家标准，9项地方标准，2项团体标准
氢源供应方面	山东积极开展副产氢纯化、可再生能源制氢等项目建设，加速加氢站建设步伐，建成加氢站22座，日供氢能力近2万千克
终端应用方面	已推广燃料电池车848辆，涵盖公交、渣土、冷链物流和港口集卡等多种车型，开通燃料电池公交专线30余条，示范运行总里程超过1,500万千米
氢能高速方面	山东开展济青高速零碳氢能服务区、加氢站选址及建设工作，建成投运全国首座高速加氢站
氢能港口方面	青岛港已布局6座港口氢能轨道吊、3辆港口集卡，启动建设港区加氢站1座，打造全国第一座"氢+5G"智慧绿色港口
氢能园区社区方面	已完成4个绿色零碳氢能产业园区的选址和方案设计；正在选址氢能社区，将通过纯氢管道、天然气管道掺氢等方式，打造氢能利用进家入户的示范应用场景

图38　山东省"氢进万家"科技示范工程首年成果

数据来源：中国氢能联盟研究院统计

广东已对产业链投入数十亿元科研财政基金，示范雏形已具，燃料电池汽车及配套基础设施领先全国（图39）。

四 区域发展

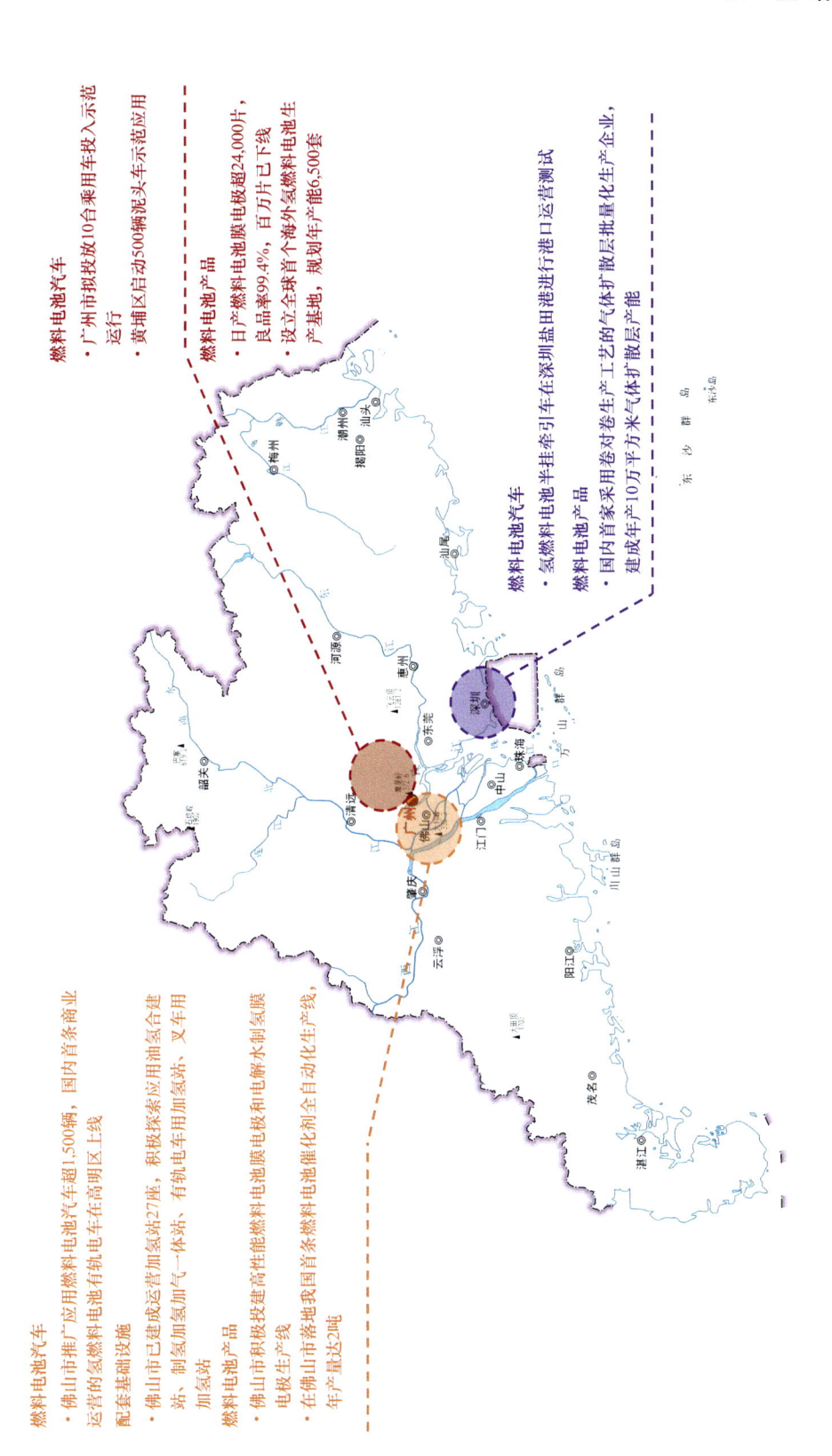

燃料电池汽车
- 广州市拟投放10台乘用车投入示范运行
- 黄埔区启动500辆渣头车示范应用

燃料电池产品
- 日产燃料电池膜电极超24,000片，良品率99.4%，百万片已下线
- 设立全球首个海外氢燃料电池生产基地，规划年产能6,500套

燃料电池汽车
- 氢燃料电池半挂牵引车在深圳盐田港进行港口运营测试

燃料电池产品
- 国内首家采用卷对卷生产工艺的气体扩散层批量化生产企业，建成年产10万平方米气体扩散层产能

燃料电池汽车
- 佛山市推广应用燃料电池汽车超1,500辆，国内首条商业运营的氢燃料电池有轨电车在高明区上线

配套基础设施
- 佛山市已建成运营加氢站27座，积极探索应用油氢合建站、制氢加氢加气一体站、有轨电车用加氢站、叉车用加氢站

燃料电池产品
- 佛山市积极投建高性能燃料电池膜电极和电解水制氢膜电极生产线
- 在佛山市落地我国首条燃料电池催化剂全自动化生产线，年产量达2吨

图39 广东省全方位多领域开展试点示范
数据来源：中国氢能联盟研究院统计

69

（三）技术装备创新集群

京津冀地区集聚行业优势企业，构建全产业链关键装备创新体系，以关键装备支撑氢能产业链全方位发展（表 13）。

表 13　京津冀典型氢能项目

所在地	进展
北京	全球首款额定功率超过 200 千瓦的单系统车用燃料电池发动机下线，质量功率密度达 810 瓦 / 千克
	全球首台液氢重卡下线，可实现续航 1,000 千米以上
	70 兆帕加氢机获国际认证
	中国首台中型商用车氢内燃机点火成功
天津	全国首批 100 台氢燃料电池叉车投产
	燃料电池氢气项目顺利开车，并成功生产出纯度为 99.999% 的合格产品，该项目年制氢能力为 2,250 吨，可满足天津市目前所有加氢站的氢气需求
张家口	年产 120 万吨炼钢原料的氢气直接还原厂一期投产，达产后可使二氧化碳排放量减少 40%~60%

数据来源：中国氢能联盟研究院统计

长三角地区在政策环境、制造业基础、科技研发能力方面全面领先，协同政策、标准、技术、市场、资源等核心要素，推动上下游装备制造与产业链建设一体化发展（表 14）。

四 区域发展

表 14 长三角典型氢能项目

所在地	进展
上海	嘉定区已落地企业包括众多国际头部企业；临港新片区已集聚 20 余家氢能上下游企业，将探索建设氢交易平台
苏州	1,300 标方/时电解槽下线，电流密度指标国际领先，直流能耗国际先进
常熟	年产能 340 万片的燃料电池金属双极板项目投产
嘉兴	跨国企业液氢工厂预计将于 2023 年建成投产，日产量将达 30 吨

数据来源：中国氢能联盟研究院统计

（四）燃料电池示范城市群

北京、上海、广东、河北、河南正式成为中国首批燃料电池汽车示范城市群，以燃料电池汽车示范应用为牵引，逐步实现关键核心技术突破，构建完整产业链（图 40）。

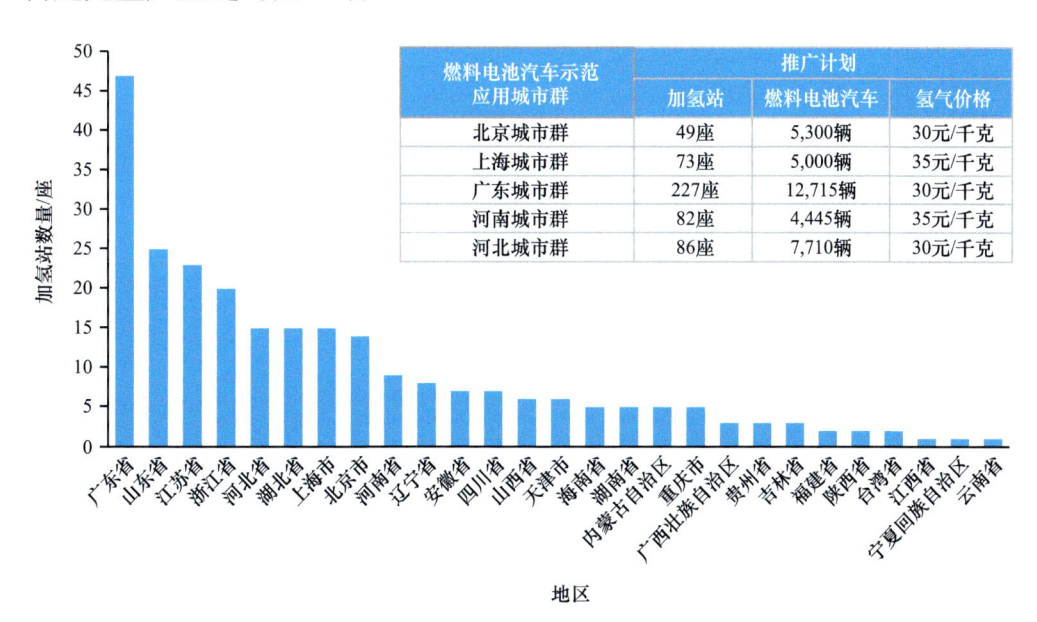

燃料电池汽车示范应用城市群	推广计划		
	加氢站	燃料电池汽车	氢气价格
北京城市群	49 座	5,300 辆	30 元/千克
上海城市群	73 座	5,000 辆	35 元/千克
广东城市群	227 座	12,715 辆	30 元/千克
河南城市群	82 座	4,445 辆	35 元/千克
河北城市群	86 座	7,710 辆	30 元/千克

图 40 五大燃料电池汽车示范应用城市群推广目标

数据来源：中国氢能联盟研究院统计

示范城市群燃料电池汽车推广数量较多，建成加氢站占比过半。自2016年至2022年底，五大城市群燃料电池汽车推广量近7,000辆；已建成运营加氢站183座，并探索应用多种新型加氢站类型（表15）。

表 15　示范城市群燃料电池汽车与加氢站发展情况

城市群	进展
上海市、广东省	已形成商用车为主、乘用车并行发展格局，累计推广燃料电池汽车超5,000辆
北京市、河北省	依托冬奥会实现全球最大规模燃料电池汽车示范应用
河南省	作为首批从事燃料电池商用车研究应用的省份之一，已推广燃料电池商用车超350辆

数据来源：中国氢能联盟研究院统计

示范城市群依托扶持政策、资源基础、技术优势带动氢能在交通、发电、储能、工业领域发展，同时加大氢能装备及燃料电池关键部件产业基础培育（表16）。

表 16　示范城市群产业链发展情况

城市群	进展
北京	北京城市群拟推广氢能在交通运输、应急保供、储能调峰、热电联供、分布式供能领域应用
上海	拟计划建设海外进口输运码头，布局东南亚氢能贸易和交易中心
广东	拟重点支持合建站和制氢加氢一体站建设
河北	拟为车辆提供可再生氢的项目在审批、建设用地方面予以倾斜；鼓励企业探索"可再生能源发电＋微电网＋储能单元"体系，推动一体化建设
河南	以燃料电池客车为重点方向，加大产业链配套企业引进孵化力度，氢能装备及燃料电池关键部件产业基础已经初步形成

数据来源：中国氢能联盟研究院统计

四 区域发展

示范城市群推动企业创新发展，技术能力不断提升，已形成行业多家龙头企业，引领国内氢能与燃料电池行业高质量发展（表17）。

表 17 示范城市群企业项目发展情况

城市群	进展
北京、上海	国家能源局 2021 年度能源领域首台（套）重大技术装备项目所属企业均来自燃料电池汽车示范城市群
北京	采取国际合作模式，推动首款面向商用车的燃料电池系统下线
上海	推出自主设计开发的 M4H 燃料电池电堆，44 个一级零部件全部实现国产化；发布新一代 H3 技术，功率密度达到 6 千瓦 / 升；实现燃料电池催化剂与电解水制氢催化剂千克级量产；相关装备获得首张燃料电池热电联产系统认证，涵盖 CE-EMC、CE-LVD、CE-GAR 等欧盟认证指令
河北	70 兆帕减压阀通过德国交通部认证

数据来源：中国氢能联盟研究院统计

附　　录

附录1

国家重点研发计划氢能相关重点专项技术方向与类别

序号	年份	项目名称	项目环节	项目类型
1	2018	太阳能全光谱光热耦合分解水制氢基础研究	制氢	基础前沿
2	2018	高密度储氢材料及高能效储氢系统的关键基础研究	储运氢	基础前沿
3	2018	高效固体氧化物燃料电池退化机理及延寿策略研究	燃料电池	基础前沿
4	2018	基于低成本材料体系的新型燃料电池研究	燃料电池	基础前沿
5	2018	兆瓦级固体聚合物电解质电解水制氢技术	制氢	共性关键
6	2018	质子交换膜燃料电池堆可靠性、耐久性及制造工程技术	燃料电池	共性关键
7	2018	固体氧化物燃料电池电堆工程化开发	燃料电池	共性关键
8	2018	百千瓦级燃料电池电堆及辅助系统部件测试技术开发及样机工程化应用	燃料电池	共性关键
9	2018	大规模风/光互补制氢关键技术研究及示范	制氢	示范应用
10	2019	车用燃料电池膜电极及批量制备技术	燃料电池	共性关键
11	2019	车用燃料电池空压机研发	燃料电池	共性关键
12	2019	车用燃料电池氢气再循环泵研发	燃料电池	共性关键
13	2019	70MPa车载高压储氢瓶技术	储运氢	共性关键
14	2019	车载液体储供氢技术	储运氢	共性关键
15	2019	燃料电池车用氢气纯化技术	储运氢	共性关键
16	2019	加氢站用高安全固态储供氢技术	储运氢	共性关键

续表

序号	年份	项目名称	项目环节	项目类型
17	2019	70MPa 加氢站用加压加注关键设备	加氢	共性关键
18	2019	加氢关键部件安全性能测试技术及装备	氢安全	共性关键
19	2020	车用耐高温低湿质子膜及成膜聚合物批量制备技术	燃料电池	共性关键
20	2020	碱性离子交换膜制备技术及应用	制氢	基础前沿
21	2020	扩散层用低成本炭纸批量制备及应用技术	燃料电池	共性关键
22	2020	高性能/抗中毒车用燃料电池催化剂的合成与批量制备	燃料电池	共性关键
23	2020	长寿命低成本质子交换膜燃料电池极板专用基材批量化制造技术	燃料电池	共性关键
24	2020	车用燃料电池堆及空压机的材料与部件耐久性测试技术及装备研究	燃料电池	共性关键
25	2020	公路运输用高压、大容量管束集装箱氢气储存技术	储运氢	共性关键
26	2020	液氢制取、储运与加注关键装备及安全性研究	储运氢	示范应用
27	2020	醇类重整制氢及冷热电联供的燃料电池系统集成技术	燃料电池	共性关键
28	2020	可离网型风/光/氢燃料电池直流互联与稳定控制技术	全链条	共性关键
29	2020	"氢能出行"关键技术研发和应用示范	燃料电池	示范应用
30	2021	光伏/风电等波动性电源电解制氢材料和过程基础	制氢	基础前沿
31	2021	低成本 PEM 电解水关键材料制备技术及其制氢应用示范	制氢	共性关键
32	2021	高效大功率碱水电解槽关键技术开发与装备研制	制氢	共性关键
33	2021	可再生能源电解制氢-低温低压合成氨关键技术及应用	前沿交叉	共性关键
34	2021	十万吨级可再生能源电解水制氢合成氨示范工程	前沿交叉	示范应用
35	2021	高密度储氢材料及其可逆吸/放氢技术	储运氢	基础前沿
36	2021	氢气液化装置氢膨胀机研制	储运氢	共性关键
37	2021	气氢与液氢容器及管件泄漏、燃烧与爆炸行为分析和材质要求	氢安全	共性关键

续表

序号	年份	项目名称	项目环节	项目类型
38	2021	搭载瓶装氢气燃料电池汽车转运与集中存放技术与规范	氢安全	共性关键
39	2021	跨温区新型全氟质子膜研究	前沿交叉	基础前沿
40	2021	低成本长寿命碱性膜燃料电池电堆研制	燃料电池	基础前沿
41	2021	电站用高效长寿命膜电极技术	燃料电池	共性关键
42	2021	管式固体氧化物燃料电池发电单元及电堆关键技术	燃料电池	共性关键
43	2021	千瓦级固体氧化物燃料电池发电系统及高可靠性电堆关键技术	燃料电池	共性关键
44	2021	中低压纯氢与掺氢燃气管道输送及其应用关键技术	储运氢	共性关键
45	2021	住宅用质子交换膜燃料电池综合供能系统集成关键技术	燃料电池	共性关键
46	2021	氢能动力与供能系统关键技术集成及多场景应用示范	全链条	示范应用
47	2021	车用固体氧化物燃料电池关键技术研究	燃料电池	基础前沿
48	2021	高密度大容量气氢车载储供系统设计及关键部件研制	储运氢	共性关键
49	2022	兆瓦级电解水制氢质子交换膜电解堆技术	制氢	共性关键
50	2022	电解水制高压氢电解堆及系统关键技术	制氢	共性关键
51	2022	固体氧化物电解水蒸气制氢系统与电解堆技术	制氢	共性关键
52	2022	质子交换膜电解水制氢测试诊断技术与设备研发	制氢	共性关键
53	2022	分布式高效低温氨分解制氢技术开发与加氢灌装母站集成示范	前沿交叉	共性关键
54	2022	高温质子导体电解制氢技术	制氢	基础前沿
55	2022	新型中低温固体电解质氨电化学合成与转化技术	前沿交叉	基础前沿
56	2022	耦合电解水制氢的电催化选择性氧化关键技术	制氢	基础前沿
57	2022	液氢加氢站关键装备研制与安全性研究	储运氢	共性关键
58	2022	液氢转注、输运和长期高密度存储技术	储运氢	共性关键
59	2022	高可靠性高压储氢压力容器的设计制造技术	储运氢	共性关键

续表

序号	年份	项目名称	项目环节	项目类型
60	2022	基于微波给热脱氢反应器的高效移动式"芳烃-环烷烃"储放氢系统的设计与工程开发	储运氢	基础前沿
61	2022	基于 Kubas- 纳米泵机制 MOFs 储氢新材料及其储氢系统	储运氢	基础前沿
62	2022	加氢站用新型离子液体氢压机核心理论及关键技术	储运氢	基础前沿
63	2022	纯氢与天然气掺氢长输管道输送及应用关键技术	储运氢	共性关键
64	2022	兆瓦级高效率长寿命发电用质子交换膜燃料电池堆工程化关键技术研发	燃料电池	共性关键
65	2022	百千瓦级固体氧化物燃料电池热电联供系统应用关键技术	燃料电池	共性关键
66	2022	质子交换膜燃料电池与氢基内燃机混合发电系统技术	燃料电池	共性关键
67	2022	燃料电池测试技术及关键零组件研制	燃料电池	共性关键
68	2022	掺氢/氨燃气清洁高效燃烧关键技术	前沿交叉	共性关键
69	2022	高鲁棒性金属支撑管式直接氨燃料电池	前沿交叉	基础前沿
70	2022	长效 PEMFC 非贵金属催化剂研制与电极可控构筑	燃料电池	基础前沿
71	2022	燃料电池系统用先进空气压缩机技术研究	燃料电池	基础前沿

数据来源：中国氢能联盟研究院统计

附录 2

氢能产业标准体系建设指南（2023 版）

对应标准体系		标准编号	标准名称
1.1	术语	GB/T 24499—2009	氢气、氢能与氢能系统术语
		GB/T 24548—2009	燃料电池电动汽车 术语
		GB/T 28816—2020	燃料电池 术语
		GB/T 20042.1—2017	质子交换膜燃料电池 第 1 部分：术语
1.3.1	用能评价	GB 32311—2015	水电解制氢系统能效限定值及能效等级
1.3.2	用水评价	待制定	水电解制氢用水定额
1.4.1	氢品质要求	GB/T 3634.1—2006	氢气 第 1 部分：工业氢
		GB/T 3634.2—2011	氢气 第 2 部分：纯氢、高纯氢和超纯氢
		GB/T 16942—2009	电子工业用气体 氢
		GB/T 34537—2017	车用压缩氢气天然气混合燃气
		GB/T 37244—2018	质子交换膜燃料电池汽车用燃料 氢气
		GB/T 40045—2021	氢能汽车用燃料 液氢
1.4.2	氢品质检测	20221859-T-469	质子交换膜燃料电池汽车用氢气采样规程
		20221860-T-469	质子交换膜燃料电池汽车用氢气 无机卤化物、甲酸的测定 离子色谱法
		20221861-T-469	质子交换膜燃料电池汽车用氢气 氦、氩、氮和烃类测定 气相色谱法
		20221862-T-469	质子交换膜燃料电池汽车用氢气 含硫化合物、甲醛和有机卤化物的测定 气相色谱法
		20221863-T-469	质子交换膜燃料电池汽车用氢气 一氧化碳、二氧化碳的测定 气相色谱法
1.5.1	阀门	20214340-T-469	液氢阀门 通用规范
1.6.1	氢安全基本要求	GB 4962—2008	氢气使用安全技术规程
		GB/T 29729—2022	氢系统安全的基本要求

续表

对应标准体系		标准编号	标准名称
1.6.2	临氢材料	GB/T 3098.17—2000	紧固件机械性能 检查氢脆用预载荷试验 平行支承面法
		GB/T 13322—1991	金属覆盖层 低氢脆镉钛电镀层
		GB/T 19349—2012	金属和其他无机覆盖层 为减少氢脆危险的钢铁预处理
		GB/T 19350—2012	金属和其他无机覆盖层 为减少氢脆危险的涂覆后钢铁的处理
		GB/T 23606—2009	铜氢脆检验方法
		GB/T 24185—2009	逐级加力法测定钢中氢脆临界值试验方法
		GB/T 26107—2010	金属与其他无机覆盖层 镀覆和未镀覆金属的外螺纹和螺杆的残余氢脆试验 斜楔法
		GB/T 34542.2—2018	氢气储存输送系统 第2部分：金属材料与氢环境相容性试验方法
		GB/T 34542.3—2018	氢气储存输送系统 第3部分：金属材料氢脆敏感度试验方法
		GB/Z 41117—2021	紧固件 钢制紧固件氢脆基本原理
		待制定	氢气管道焊接接头氢相容性试验方法
1.6.3	氢密封	待制定	氢系统泄露率测试方法
2.1.1	变压吸附提纯	GB/T 19773—2005	变压吸附提纯氢系统技术要求
		GB/T 29412—2012	变压吸附提纯氢用吸附器
		GB/T 34540—2017	甲醇转化变压吸附制氢系统技术要求
		20211009-T-469	变压吸附提纯氢气系统安全要求
2.2.1	水电解制氢材料和零部件	20221022-T-469	质子交换膜用增强型聚四氟乙烯膜
2.2.2	水电解制氢设备	GB/T 29411—2012	水电解氢氧发生器技术要求
		GB/T 34539—2017	氢氧发生器安全技术要求
		待制定	PEM电解槽技术要求

续表

对应标准体系		标准编号	标准名称
2.2.3	水电解制氢系统	GB/T 19774—2005	水电解制氢系统技术要求
		GB/T 37562—2019	压力型水电解制氢系统技术条件
		GB/T 37563—2019	压力型水电解制氢系统安全要求
		待制定	水电解制氢系统性能测试方法
		待制定	可再生能源水电解制氢系统技术要求
2.3.3	光解水制氢测试	GB/T 26915—2011	太阳能光催化分解水制氢体系的能量转化效率与量子产率计算
		GB/T 39359—2020	积分球法测量悬浮式液固光催化制氢反应
3.1.1	氢气压缩	待制定	氢气压缩机
3.1.2	氢液化	GB/T 40061—2021	液氢生产系统技术规范
		待制定	氢膨胀机
3.1.3	氢气/天然气掺混	20220863-T-333	燃气掺氢混气装置
3.1.4	固态储氢通用要求	GB/T 33291—2016	氢化物可逆吸放氢压力-组成-等温线（P-C-T）测试方法
		20220761-T-469	固态储氢用稀土系贮氢合金
3.2.1	容器	GB/T 26466—2011	固定式高压储氢用钢带错绕式容器
		20220820-T-604	液氢容器用安全阀技术规范
		待制定	移动式真空绝热液氢压力容器
		待制定	压缩氢气铝内胆碳纤维全缠绕瓶式集装箱
3.2.2	气瓶	GB/T 34544—2017	小型燃料电池车用低压储氢装置安全试验方法
		GB/T 35544—2017	车用压缩氢气铝内胆碳纤维全缠绕气瓶
		GB/T 42536—2023	车用高压储氢气瓶组合阀门
		GB/T 42610—2023	高压氢气瓶塑料内胆和氢气相容性试验方法
		GB/T 42612—2023	车用压缩氢气塑料内胆碳纤维全缠绕气瓶
		GB/T 42626—2023	车用压缩氢气纤维全缠绕气瓶定期检验与评定
		NB/T 10354—2019	长管拖车
		NB/T 10355—2019	管束式集装箱

续表

对应标准体系		标准编号	标准名称
3.2.3	输氢管道	20220862-T-333	氢能输配设备通用技术要求
3.3.1	氢储运系统通用要求	GB/T 34542.1—2017	氢气储存输送系统 第1部分：通用要求
		GB/T 40060—2021	液氢贮存和运输技术要求
3.3.2	氢储存系统	GB/T 33292—2016	燃料电池备用电源用金属氢化物储氢系统
		20201706-T-469	移动式金属氢化物可逆储放氢系统
3.3.3	氢输运系统	待制定	氢气储存输送系统 第5部分：氢气输送系统技术要求
		待制定	天然气管道掺氢输送技术要求
		待制定	输氢管道系统完整性管理规范
		待制定	输氢管道工程技术规范
		待制定	输氢管道工程设计规范
		待制定	输氢管道工程施工和验收规范
4.1.3	站用储氢容器	GB/T 34583—2017	加氢站用储氢装置安全技术要求
		待制定	加氢站用储氢压力容器
		待制定	加氢站压力设备监测技术要求
		待制定	加氢站压力设备风险评价与检验
4.1.7	阀门和管件	GB/T 42177—2022	加氢站氢气阀门技术要求及试验方法
4.1.8	加注设备	GB/T 30718—2014	压缩氢气车辆加注连接装置
		GB/T 31138—2022	加氢机
		GB/T 34425—2017	燃料电池电动汽车 加氢枪
		20202696-T-469	氢燃料电池车辆加注协议技术要求
4.2.1	加氢站通用要求	20211010-T-469	氢气加氢站 第1部分：通用要求
4.2.2	加氢站工程建设	GB 50156—2021	汽车加油加气加氢站技术标准
		GB 50516—2010	加氢站技术规范（2021年版）
4.3.1	加氢站运行管理	GB/T 29124—2012	氢燃料电池电动汽车示范运行配套设施规范

续表

对应标准体系		标准编号	标准名称
4.3.2	加氢站安全管理	GB/T 31139—2014	移动式加氢设施安全技术规范
		GB/Z 34541—2017	氢能车辆加氢设施安全运行管理规程
		GB/T 34584—2017	加氢站安全技术规范
5.1.1	燃料电池	GB/T 20042.2—2023	质子交换膜燃料电池 第2部分：电池堆通用技术条件
		GB/T 20042.3—2022	质子交换膜燃料电池 第3部分：质子交换膜测试方法
		GB/T 20042.4—2009	质子交换膜燃料电池 第4部分：电催化剂测试方法
		GB/T 20042.5—2009	质子交换膜燃料电池 第5部分：膜电极测试方法
		GB/T 20042.6—2011	质子交换膜燃料电池 第6部分：双极板特性测试方法
		GB/T 20042.7—2014	质子交换膜燃料电池 第7部分：炭纸特性测试方法
		GB/Z 27753—2011	质子交换膜燃料电池膜电极工况适应性测试方法
		GB/T 28817—2022	聚合物电解质燃料电池单电池测试方法
		GB/T 29838—2013	燃料电池 模块
		GB/T 31035—2014	质子交换膜燃料电池电堆低温特性试验方法
		GB/T 31886.1—2015	反应气中杂质对质子交换膜燃料电池性能影响的测试方法 第1部分：空气中杂质
		GB/T 31886.2—2015	反应气中杂质对质子交换膜燃料电池性能影响的测试方法 第2部分：氢气中杂质
		GB/T 34582—2017	固体氧化物燃料电池单电池和电池堆性能试验方法
		GB/T 34872—2017	质子交换膜燃料电池供氢系统技术要求
		20213093-T-604	燃料电池模块 第1部分：安全
5.1.2	氢内燃机	20221663-T-604	氢燃料内燃机 通用技术条件
5.2.1	车辆	GB/T 23645—2009	乘用车用燃料电池发电系统测试方法
		GB/T 24549—2020	燃料电池电动汽车 安全要求
		GB/T 24554—2022	燃料电池发动机性能试验方法
		GB/T 25319—2010	汽车用燃料电池发电系统 技术条件
		GB/T 26779—2021	燃料电池电动汽车加氢口
		GB/T 26990—2011	燃料电池电动汽车 车载氢系统 技术条件

续表

对应标准体系	标准编号	标准名称
	GB/T 26991—2011	燃料电池电动汽车 最高车速试验方法
	GB/T 28183—2011	客车用燃料电池发电系统测试方法
	GB/T 29123—2012	示范运行氢燃料电池电动汽车技术规范
	GB/T 29126—2012	燃料电池电动汽车 车载氢系统 试验方法
	GB/T 30719—2014	液氢车辆燃料加注系统接口
	GB/T 31037.1—2014	工业起升车辆用燃料电池发电系统 第1部分：安全
	GB/T 31037.2—2014	工业起升车辆用燃料电池发电系统 第2部分：技术条件
	GB/T 33978—2017	道路车辆用质子交换膜燃料电池模块
	GB/T 34593—2017	燃料电池发动机氢气排放测试方法
	GB/T 35178—2017	燃料电池电动汽车 氢气消耗量 测量方法
	GB/T 36288—2018	燃料电池电动汽车 燃料电池堆安全要求
	GB/T 37154—2018	燃料电池电动汽车 整车氢气排放测试方法
	GB/T 38914—2020	车用质子交换膜燃料电池堆使用寿命测试评价方法
5.2.1 车辆	GB/T 39132—2020	燃料电池电动汽车定型试验规程
	GB/T 41134.1—2021	电驱动工业车辆用燃料电池发电系统 第1部分：安全
	GB/T 41134.2—2021	电驱动工业车辆用燃料电池发电系统 第2部分：性能试验方法
	20203676-T-339	燃料电池电动汽车碰撞后安全要求
	20203814-T-339	燃料电池电动汽车能量消耗量及续驶里程测试方法
	20203973-T-339	燃料电池电动汽车低温冷起动性能试验方法
	20213560-Z-339	燃料电池发动机耐久性试验方法
	2021-1116T-QC	燃料电池发动机用空气滤清器
	2021-1117T-QC	燃料电池发动机用空气压缩机
	2021-1118T-QC	燃料电池发动机用冷却水泵
	2021-1119T-QC	燃料电池发动机用氢气喷射器
	2021-1120T-QC	燃料电池发动机用氢气循环泵
	2022-1231T-QC	燃料电池电动汽车 车载氢系统在线监测技术要求
	2022-1232T-QC	燃料电池发动机故障分类及处理办法

续表

对应标准体系		标准编号	标准名称
5.2.3	航空器	GB/T 38954—2020	无人机用氢燃料电池发电系统
5.3.1	氢储能系统	20213092-T-604	储能系统用可逆模式燃料电池模块 第2部分：可逆模式质子交换膜单电池与电堆性能测试方法
		20213094-T-604	储能系统用可逆模式燃料电池模块 第3部分：电能储存系统性能测试方法
5.4.1	燃料电池发电系统通用要求	GB/T 33979—2017	质子交换膜燃料电池发电系统低温特性测试方法
5.4.2	燃料电池备用电源	GB/T 31036—2014	质子交换膜燃料电池备用电源系统 安全
		GB/T 36544—2018	变电站用质子交换膜燃料电池供电系统
		2021-1696T-YD	通信用氢燃料电池供电系统
5.4.3	固定式燃料电池发电系统	GB/T 27748.1—2017	固定式燃料电池发电系统 第1部分：安全
		GB/T 27748.2—2022	固定式燃料电池发电系统 第2部分：性能试验方法
		GB/T 27748.3—2017	固定式燃料电池发电系统 第3部分：安装
		GB/T 27748.4—2017	固定式燃料电池发电系统 第4部分：小型燃料电池发电系统性能试验方法
5.4.4	便携式燃料电池发电系统	GB/Z 21742—2008	便携式质子交换膜燃料电池发电系统
		GB/T 30084—2013	便携式燃料电池发电系统 - 安全
5.4.5	微型燃料电池发电系统	GB/T 23751.1—2009	微型燃料电池发电系统 第1部分：安全
		GB/T 23751.2—2017	微型燃料电池发电系统 第2部分：性能试验方法
		GB/Z 23751.3—2013	微型燃料电池发电系统 第3部分：燃料容器互换性
5.4.6	综合能源	GB/T 26916—2011	小型氢能综合能源系统性能评价方法

注：1.1为标准体系分类，分类标准参考《关于印发〈氢能产业标准体系建设指南（2023版）〉的通知》，余同

附录 3

各省级规划及发展目标（至 2025 年）

省级政府	规划名称	产值/亿元	氢燃料电池汽车/辆	加氢站/座
北京	《北京市氢能产业发展实施方案（2021—2025年）》	1,000	10,000	74
天津	《天津市氢能产业发展行动方案（2020—2022年）》*	150	1,000	10
河北	《河北省氢能产业发展"十四五"规划》	500	10,000	100
山西	《山西省氢能产业发展中长期规划（2022—2035年）》	—	10,000	—
内蒙古	《内蒙古自治区"十四五"氢能发展规划》	1,000	5,000	60
辽宁	《辽宁省氢能产业发展规划（2021—2025年）》	600	2,000	30
吉林	《"氢动吉林"中长期发展规划（2021—2035）》	100	500	10
上海	《上海市氢能产业发展中长期规划（2022—2035年）》	1,000	10,000	70
江苏	《江苏省氢燃料电池汽车产业发展行动规划》	—	10,000	50
浙江	《加快培育氢燃料电池汽车产业发展实施方案》	—	5,000	50
安徽	《安徽省氢能产业发展中长期规划》	500	—	30
福建	《福建省氢能产业发展行动计划（2022—2025年）》	500	4,000	40
山东	《山东省氢能产业中长期发展规划（2020—2030年）》	1,000	10,000	100
河南	《河南省氢能产业发展中长期规划（2022—2035年）》	1,000	5,000	—
湖南	《湖南省氢能产业发展规划》	—	500	10
广东	《广东省加快建设燃料电池汽车示范城市群行动计划（2022—2025年）》	—	10,000	300
重庆	《重庆市氢燃料电池汽车产业发展指导意见》	—	1,500	15

续表

省级政府	规划名称	产值/亿元	氢燃料电池汽车/辆	加氢站/座
四川	《关于推进四川省氢能及燃料电池汽车产业高质量发展的指导意见》	1,000	8,000	80
贵州	《贵州省"十四五"氢能产业发展规划》	200	1,000	15
陕西	《陕西省"十四五"氢能产业发展规划》	1,000	10,000	100
青海	《青海省氢能产业发展中长期规划（2022—2035年）》*	35	250	4
甘肃	《关于氢能产业发展的指导意见》*	100	—	—
宁夏	《宁夏回族自治区氢能产业发展规划》	—	500	10
江西	《江西省氢能产业发展中长期规划（2023—2035年）》*	500	500	10
合计		10,185	114,750	1,168

数据来源：中国氢能联盟研究院统计；* 天津市仅发布到 2022 年的目标，甘肃省、青海省、江西省规划发布于 2023 年 1 月

附录 4

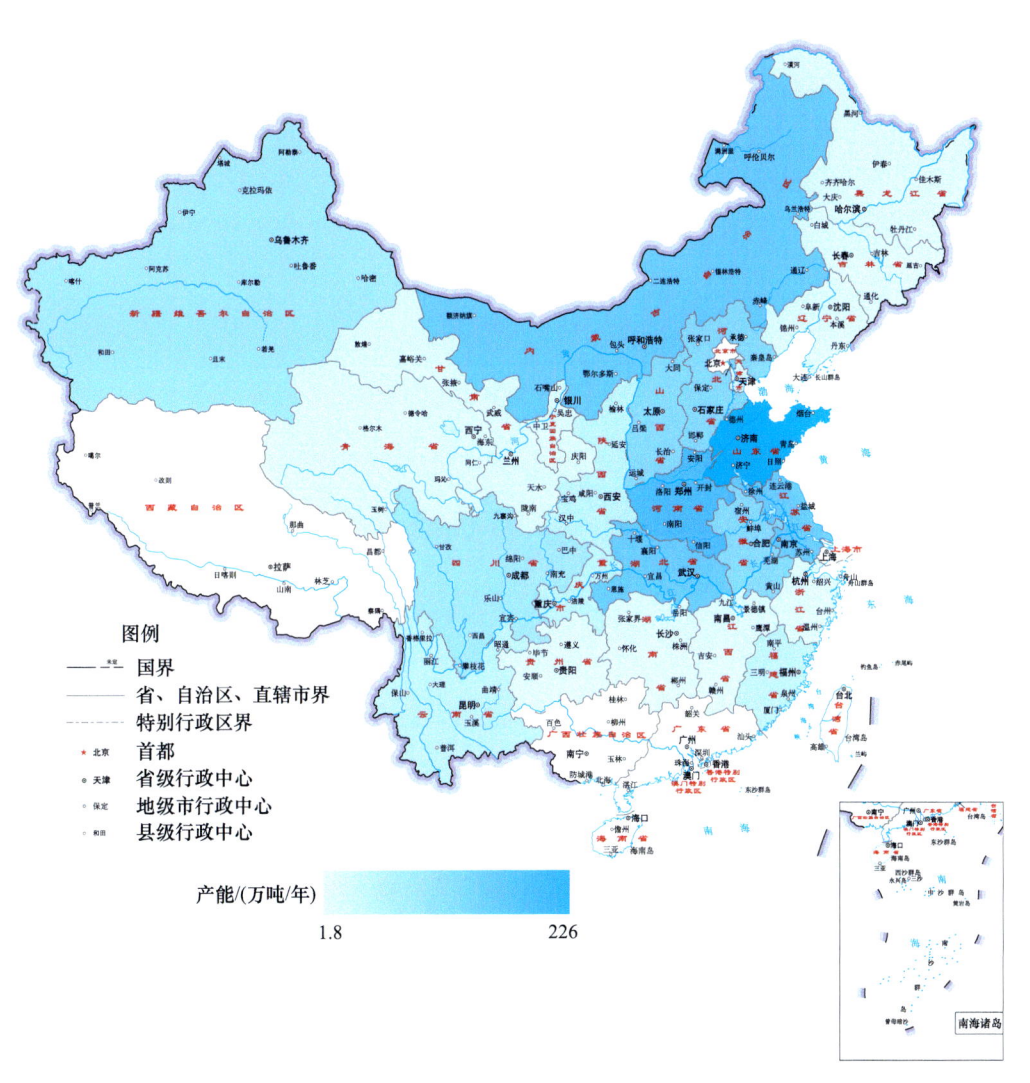

附图 4.1　中国合成氨产能分布

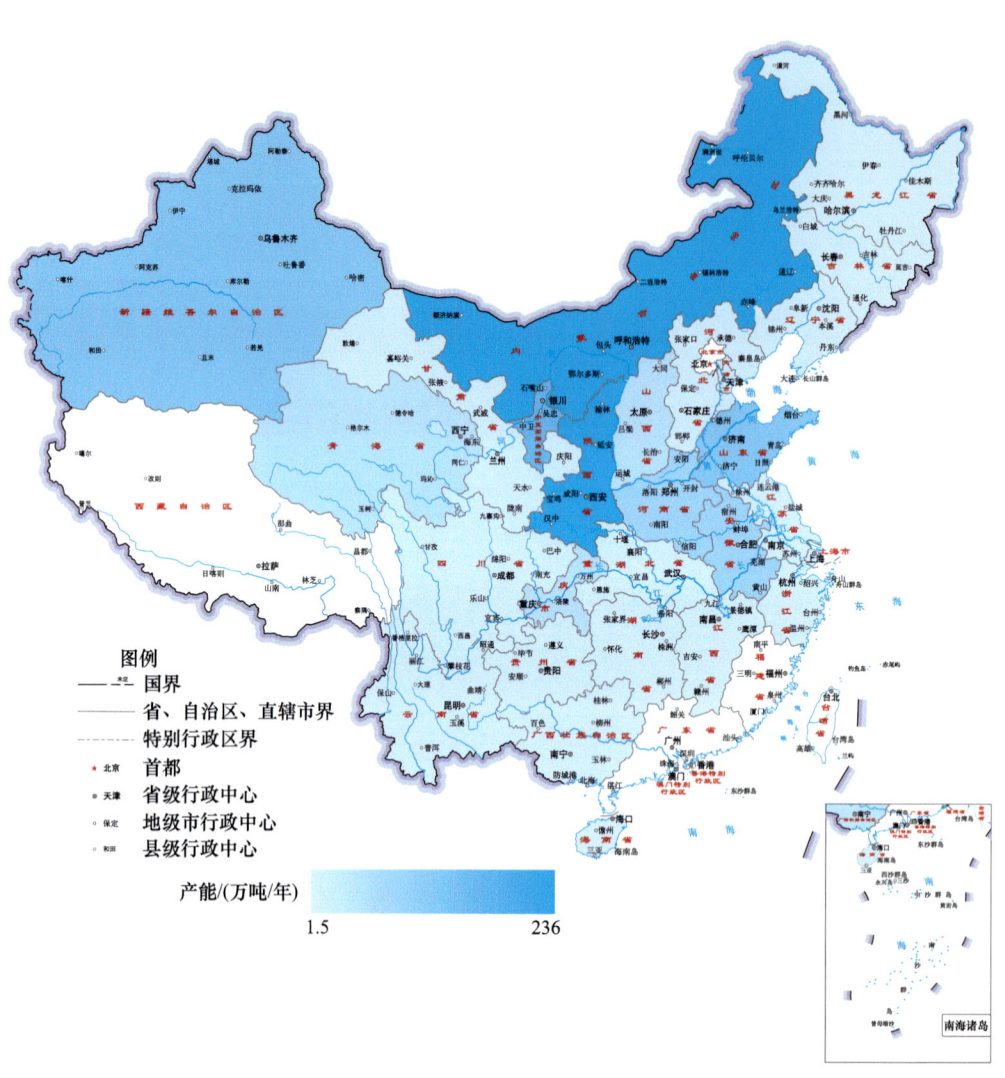

附图 4.2　中国合成甲醇产能分布

附　录

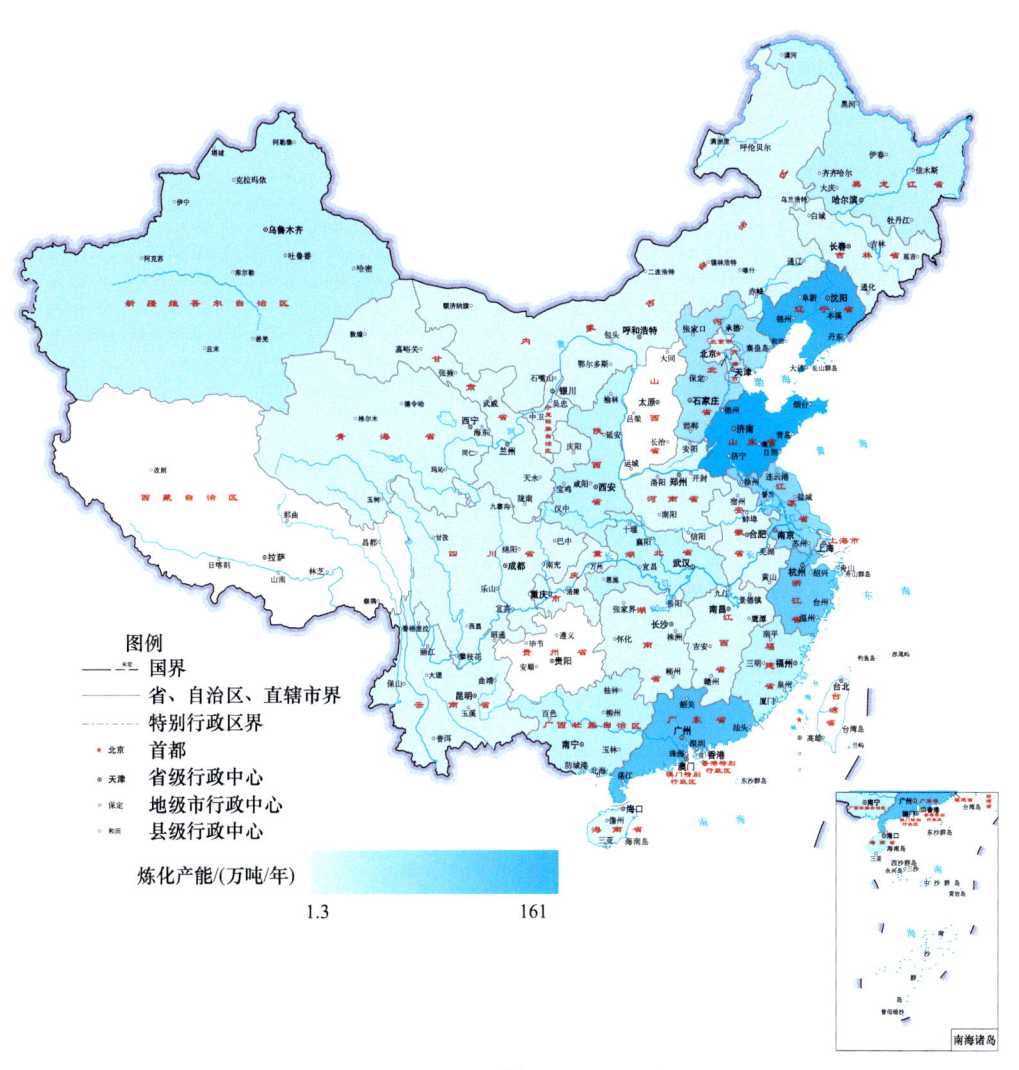

附图4.3　中国炼化产能分布图

数据来源：中国氢能联盟研究院统计

附录 5

附表 5.1 全球典型绿色甲醇项目表

序号	国家/地区	相关企业	建成年份	产能/(吨/年)
1	冰岛	CRI	2011	4,000
2	中国	大连化学物理研究所	2020	1,440
3	瑞典	Liquid Wind	2023	45,000
4	澳大利亚	ABEL	2023	60,000
5	中国	河南省顺成集团/CRI	2023	110,000
6	挪威	Swiss Liquid Future/ Thyssenkrupp	N/A	80,000
7	挪威	公司财团/CRI	2024	100,000
8	加拿大	Renewable Hydrogen Canada	N/A	120,000
9	比利时	安特卫普港财团	N/A	8,000
10	比利时	根特港财团	N/A	100,000
11	荷兰	Consortium Nouryon/ Gasunie/BioMCN 和其他 3 家公司	N/A	15,000
12	德国	Dow	N/A	200,000
13	丹麦	公司财团	2023~2030	N/A
14	德国	财团	N/A	N/A
15	瑞典	FreSMe	2019	300
16	德国	MefCO$_2$	2019	300
17	丹麦	Power2Met 丹麦财团	2019	640
18	德国	Carbon2Chem	2020	40
19	德国	通过二氧化碳生产二甲醚的 ALIGN-CCUS 项目	2020	40

续表

序号	国家/地区	相关企业	建成年份	产能/（吨/年）
20	瑞士	Swiss Liquid Future	2012	60
21	德国	TOTAL/Sunfire 绿色二氧化碳甲醇项目	2022	450
22	德国	BSE Engineering/ 可再生能源系统研究所	2020	22.4
23	日本	Mitsui	2009	100
24	韩国	韩国科学技术学院 /CAMER 工艺	2004	30,000
25	中国	宁夏宝丰能源集团股份有限公司	N/A	N/A
26	中国	扬州吉道能源有限公司	N/A	N/A
27	中国	扬州吉道能源有限公司	N/A	337,500
28	中国	中能建氢能源有限公司	N/A	20,000
29	中国	中国远洋运输有限公司	N/A	130,000
30	中国	国能中电能源集团有限责任公司	N/A	60,000
31	中国	吉林康乃尔药业有限公司	N/A	1,000,000
32	中国	中国能源建设股份有限公司	N/A	2,000,000
33	中国	绿技行（上海）科技发展有限公司	N/A	380,000

附表 5.2　全球典型绿氨项目表

序号	国家/地区	相关企业	建成年份	产能/（吨/年）
1	秘鲁	Enaex	1965	10,000
2	新西兰	Balance Agri-Nutrients, Hiringa Energy	2021	5,000
3	西班牙	Fertiberia, Iberdrola	2025	57,000
4	阿曼	ACME, Tatweer	N/A	770,000
5	澳大利亚	H2U, Mitsubishi, Government of South Africa, ThyssenKrupp	N/A	1,000,000
6	挪威	Yara	2026	500,000
4	丹麦	Skovgaard Invest, Vestas, Haldor Topsoe	2022	5,000
7	日本	Tsubame BHB	2022	N/A

续表

序号	国家/地区	相关企业	建成年份	产能/(吨/年)
8	摩洛哥	Fusion Fuel	2026	183,000
9	澳大利亚	Yara	2030	800,000
10	美国	CF Industries, ThyssenKrupp	2023	20,000
11	西班牙	Fertiberia, Iberdrola	2027	100,000
12	德国	Haldor Topsoe, Aquamarine	2024	105,000
13	荷兰	Yara, Orsted	2024-2025	75,000
14	智利	Enaex, ENGIE	2030	700,000
15	阿联酋	KIZAD, Helios Industry	2026	200,000
16	阿拉伯	NEOM, Air Products, ACWA Power	2025	1,200,000
17	挪威	Varanger Kraft	2025	90,000
18	澳大利亚	Origin	2025	420,000
19	澳大利亚	H2U	2025	1,750,000
20	肯尼亚	Maire Tecnimont	2025	45,000
21	挪威	Grieg Edge, Arendals Fossekompani	2025	N/A
22	加拿大	Hy2Gen	2025	183,000
23	智利	AustriaEnergy, Okowind	N/A	900,000
24	丹麦	Copenhagen Infrastructure Partners, Maersk, DFDS	2026	650,000
25	阿曼	DEME Concessions, OQ	N/A	520,000
26	澳大利亚	InterContinental Energy	2035	9,990,000
27	澳大利亚	MRHP, Copenhagen Infrastructure Partners	2028	1,900,000
28	阿曼	OQ, InterContinental Energy, EnerTech	2038	1,000,000
29	澳大利亚	Province Resources, Total-Eren	2030	2,400,000
30	澳大利亚	Austrom Hydrogen	N/A	1,125,000
31	澳大利亚	InterContinental Energy	N/A	20,000,000
32	澳大利亚	Dyno Nobel, Incitec Pivot	N/A	60,000

续表

序号	国家/地区	相关企业	建成年份	产能/（吨/年）
33	澳大利亚	Queensland Nitrates, Incitec Pivot, Wesfarmers JV, Neoen, Worley	N/A	20,000
34	澳大利亚	BP, GHD, ARENA	N/A	1,000,000
35	澳大利亚	HyEnergy	N/A	300,000
36	澳大利亚	Countrywide Energy, Glenelg Shire Council, Port of Portland	N/A	56,000
37	苏格兰	Eneus Energy	N/A	7,000
38	阿联酋	TAQA Group, Abu Dhabi Ports	N/A	1,200,000
39	美国	Marie Tecnimont	N/A	84,000
40	中国	中国氢能有限公司	2023（预计）	50,000
41	中国	达茂旗电投新未来能源有限公司	2024（预计）	100,000
42	中国	远景能源有限公司	2023（预计）	320,000
43	中国	中国能源建设集团有限公司	N/A	60,000
44	中国	大安吉电绿氢能源有限公司	N/A	180,000
45	中国	中能建氢能源有限公司	N/A	20,000
46	中国	北京亿华通科技股份有限公司	N/A	600,000
47	中国	宁夏宝丰能源集团股份有限公司	N/A	100,000
48	中国	宁夏永利电子新材料有限公司	N/A	200,000
49	中国	联合国工业发展组织国际氢能源中心（IHEC）与水木明拓集团、华鲁集团	2025（预计）	390,000
50	中国	国家能源集团国华投资蒙西公司	N/A	300,000
51	中国	镇宁华风能源发展有限公司	2024	100,000
52	中国	北京能源国际控股有限公司	N/A	600,000
53	中国	未知	N/A	200,000
54	中国	中国能源建设集团有限公司	N/A	300,000

续表

序号	国家/地区	相关企业	建成年份	产能/(吨/年)
55	中国	美国空气产品公司	N/A	180,000
56	中国	上海电气风电设备吉林有限公司	N/A	600,000
57	中国	中能建氢能源有限公司	2024（预计）	200,000
58	中国	中国华电集团有限公司	N/A	33,000
59	中国	东润清能（北京）新能源有限公司	N/A	200,000
60	中国	国能吉林新能源发展有限公司	N/A	100,000
61	中国	松原天润新能风电有限公司	N/A	300,000
62	中国	中国华电集团有限公司	N/A	85,000
63	中国	中国华电集团有限公司	N/A	250,000
64	中国	中国氢能有限公司	N/A	200,000
65	中国	国能吉林新能源发展有限公司	N/A	300,000
66	中国	远景科技集团有限公司	N/A	320,000
67	中国	中能建氢能源有限公司	N/A	300,000
68	中国	中煤鄂尔多斯能源化工有限公司	N/A	500,000
69	中国	国创河北氢能产业创新中心有限公司	2024（预计）	300,000
70	中国	国家能源集团龙源电力内蒙古公司	N/A	140,000
71	中国	内蒙古库布其氢肥科技有限公司	N/A	100,000
72	中国	内蒙古深丰绿氨化工有限公司	N/A	150,000
73	中国	广东省能源集团贵州有限公司，浙江运达风电股份有限公司	N/A	200,000
74	中国	宁夏永利电子新材料有限公司	N/A	200,000
75	中国	国华（沧州）综合能源有限公司	N/A	100,000
76	中国	中铁十五局集团有限公司	N/A	500,000

数据来源：中国氢能联盟研究院统计